when I was there

내 가 그 곳 에 있 었 을 때

글·사진 서현지

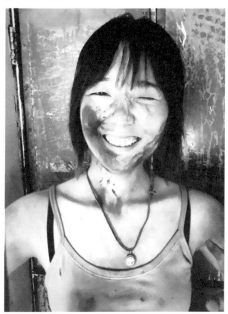

맑은샘

내가
그곳에
있었을
때____

초판 1쇄 인쇄 2016년 11월 24일
초판 1쇄 발행 2016년 11월 30일

사진·글 서현지
펴낸이 김양수
표지 본문 디자인 이정은   **교정교열** 장하나

펴낸곳 도서출판 맑은샘   **출판등록** 제2012-000035
주소 (우 10387) 경기도 고양시 일산서구 중앙로 1456(주엽동) 서현프라자 604호
대표전화 031.906.5006   **팩스** 031.906.5079
이메일 okbook1234@naver.com   **홈페이지** www.booksam.co.kr

ⓒ 서현지, 2016

ISBN 979-11-5778-169-0 (03910)

＊이 책의 국립중앙도서관 출판시도서목록은 서지정보유통지원시스템 홈페이지(http://seoji.
  nl.go.kr)와 국가자료공동목록시스템(http://www.nl.go.kr/kolisnet)에서 이용하실 수 있습니다.
  (CIP제어번호 : CIP2016028799)
＊이 책은 저작권법에 의해 보호를 받는 저작물이므로 무단전재와 무단복제를 금지하며, 이 책 내
  용의 전부 또는 일부를 이용하려면 반드시 저작권자와 도서출판 맑은샘의 서면동의를 받아야
  합니다.

＊파손된 책은 구입처에서 교환해 드립니다.   ＊책값은 뒤표지에 있습니다.

＊이 책값의 10%는 지역 다문화복지센터에 기부되어 다문화가정 자녀들의 교육 사업에 사용됩니다.

내가 그곳에 있었을 때

차례;

때 로 는 빗 방 울 도 맞 겠 지 만

에스프레소를 닮은 눈동자여

프롤로그

내 나이 서른을 목전에 두었던 어느 날, 나는 다니던 직장을 때려치우고 7년 만에 다시 인도행 비행기에 몸을 실었다.

그냥, 불안했다. 모든 게.
'서른'이라는 나이를 너무도 두려워하는 나 자신이 참 싫었고, 나이가 들수록 자신감을 잃고 쪼그라드는 모습에 스스로에 대한 실망감만 커졌다.
덜컥 겁이 났다. 나 이러다가 영원히 이렇게 사는 거 아닐까. 그저 땅바닥에 납작 엎드린 채, 있는 듯 없는 듯 숨죽이고 사는 인생만이 최선이라 여기며, 그렇게 한심하게 살다 어느 날 먼지처럼 훅 사라져버리

면 어떡하지. 내가 하고 싶었던 게, 되고 싶었던 게 무엇이었는지도 까
맣게 잊은 채 말이야.

그래서 결심했다.

나를 향하던 미소, 눈만 마주쳐도 뭐가 그리 좋은지 배시시 웃어 주던
얼굴들, 더러운 발로 망아지마냥 인도 땅을 뛰어다니면서도, 그저 즐
겁고, 당당하고, 행복했던 스물세 살의 나 자신을 다시 만나고 오기로.

7년 만에 인도 땅을 다시 밟던 날, 나는 솔직히 두려웠다. 너무 많이
변했으면 어쩌지? 괜히 다시 와서 실망만 하고 가면 어떡하나.

기대보다는 걱정이 조금 더 앞섰던 게 사실이다.

하지만 모든 것은 그 자리에 있었다.

7년 전, 카메라를 도둑맞아 울고 있던 나에게 진심 어린 위로를 건넸던 그 아저씨가, 비록 그간의 세월만큼 나이가 들긴 했지만.

환전을 못 해 쩔쩔매던 나에게 "거기서 동동거리지 말고 이거나 한잔해~"라며 코코넛 라시를 내밀던 그 사장님이, 어쩐 이유에선지 7년 만에 많이 지친 모습으로 나를 맞긴 했지만.

어쨌든 나는 향기도, 사람들도, 모든 것이 그대로인 인도 땅에서 그토록 두려워하던 서른을 아주 고요히, 그리고 담담하게 맞아들였다.

사실, 나는 이미 글렀다 생각했다.

당차고 해맑았던 예전의 내 모습은 모두 사라지고,

세상에 찌든, 빈껍데기 서현지만 남았다고 여겼다.

근데, 아니더라고.

인도를 거울삼아 바라본 서른의 나 자신은, 여전히 예전처럼 밝고, 건강하고, 또 씩씩했다.

학교, 회사, 그리고 가족들과 친구들의 품을 벗어나 새로운 세계에서 보냈던 그 5개월의 시간들. 그 시간들을 함께 채워 준 수많은 내 동행들과 셀 수도 없이 많은 추억을 나눠 가진 그 땅의 친구들에게, 당신들이 있어서 정말 행복했다고, 이 한 권의 책을 그대들과의 이야기로 가득 채울 수 있어 더없이 감사하다고, 온 마음을 다해 이 진심을 전하고 싶다.

23살, 스리벤까테스와르 로지 사장님과 함께

7년 후 서른, 그를 다시 만나다

#1

꽃 이 피 긴 하 는 겁 니 까

아무거나 눌러 보세요

인도 게스트하우스 벽면엔 족히 열 개는 넘어 보이는 스위치들이 다닥다닥 붙어 있다. 한국 스위치의 심플한 구조와는 달리 이곳에는 방 안의 불도, 천장에 달린 선풍기도, 화장실 불까지도 모두 벽면 한 켠에 몰려 있는 거다. 이렇게만 들으면 굉장히 간단하고 편리한 구조라고 생각할지 모르지만, 여기엔 또 다른 문제가 있었으니. 그건 바로
"도대체 뭐가 화장실 불인 거야!!!"

그 똑같이 생긴 열 개의 스위치 모두 아무런 표식이 없다는 거다.
아니, 뭐가 뭐라고 좀 적어라도 놓든가, 하다못해 색깔이라도 좀 달라야 하는 거 아닌가? 이렇게 다 똑같이 만들어 놓으면 불 한 번 켤 때마다 하나씩 하나씩 눌러 볼 수밖에 없잖아!!
그래서 오늘 직원에게 내가 이 숙소에 하루 이틀 머물 것도 아닌데 언제까지 이 짓을 해야 하느냐고 좀 투덜거렸다.
"여기 자주 쓰는 스위치 몇 개에만 스티커 좀 붙여 놓으면 안 되니? 아니면 매직으로 뭐라도 좀 써 놓든가. 진짜 불편해 죽겠어"라며.
그랬더니 소년에게서 돌아오는 대답.
"왜? 재미있지 않아?"
재미? 재미이?
이 인간아. 화장실 급해 죽겠는데 스위치 못 찾아서 발 동동 구르면 얼마나 화나는 줄 알아? 어우, 이걸 확 그냥!

나는 어릴 적부터 하고 싶은 게 참 많았다. 날 때부터 호기심도 많고 욕심도 많아서 부모님이 '현지 하고 싶은 거 다 하게 해 주려면 돈 정

말 열심히 벌어야겠다'고 생각하실 정도였다고. 그런 기질은 십 대에도, 이십 대에도 변함이 없었다. 아니, 오히려 더 심해졌다고 해야 정확하겠다.

중고등학교 시절엔 무대에 서는 것이 좋아 중창반, 합창반에 빠짐없이 가입했었고, 어느 날은 밴드부에 꽂혀 수능을 치자마자 드럼을 배우기 시작했다. 남 앞에 나서는 걸 두려워하긴 했지만, 꼭 한 번은 리더 역할을 해 보고 싶었던지라 대학교에 입학하자마자 학생회에 들어갔고, 어느 날은 운동을 좀 해야겠단 생각에 수영 새벽반에 가입해 한동안 물질에 빠져 살았던 적도 있었다.

하지만 이렇게 하나씩 도전하면 할수록 성취감보다는 '아, 이건 내 길이 아니구나.' 싶은 생각을 더 많이 하게 됐다. 그리고 그런 깨달음 뒤엔 항상 허무함이 남았다. '아, 난 참 제대로 할 줄 아는 게 몇 없구나.', 혹은 '서현지, 너 정말 끈기라고는 눈 씻고 찾아봐도 없는 인간이구나.'와 같은.

드럼은 처음에는 정말 재미있었지만, 난이도가 올라가면서 점점 힘들어졌다. 혼도 많이 났고 욕도 엄청나게 들었다. 그러다 내가 왜 이런 소리까지 들어가면서 이걸 배워야 하나 싶은 맘에 1년도 안 돼서 때려치워 버렸다. 수영도 처음에는 살도 빠지고 물속에서 폼이 나기 시작하니까 신이 났었는데, 그것마저도 고급반으로 올라가니까 허리도 아프고 더 이상 배우는 재미도 못 느껴서 평영까지 배우다가 또 중도 포기를 했다.

나는 늘 이런 식이다. 해 보고 싶은 건 너무너무 많은데 선택지가 하도 많아 뭐부터 시작해야 할지 감을 못 잡고, 또 시작했다 하더라도 끝까지 해내는 게 거의 없는 수준이다. 결국은, '꿈만 원대하게 꾸는 의지 박약자 서현지'. 뭐 이런 거지.

"흥! 재미있긴 뭐가 재미있어!! 밤에 선풍기 켜려다가 방 불 꺼 본 적 있어? 취침등 켜려다가 환풍기 켜본 적 있느냐고!"

"워워, 진정해. 미리 알고 누르면 그게 뭔 재미야. 이건 그냥, 놀이 같은 거라고 생각해. 놀이. 간단하지? It's simple."

하지만 살면서 이것저것을 도전해 보며 약간의 얻은 것도 있긴 하다. 적어도 바다에 빠졌을 때 속수무책으로 가라앉지만은 않았었고, 어디 가서 음치란 소리를 들을 일도 없었으며, 그렇게 이것저것 가리지 않고 시도해 본 덕분에 지금 이렇게, 내가 좋아하는 글 쓰는 일을 하면서 약간의 자부심까지 가진 채 그렇게 살 수 있게 됐으니까.

적어도 아무것도 하지 않은 것보다는 훨씬 더 나은 사람이 되어 가고 있다는 거.

그저 '저거 해 보고 싶다'라고 생각만 할 때보다는 좀 더 괜찮은 인간이 되어 가고 있다는 거.

그거 하나만은 확실했다.

그래. 조금만 간단하게 생각해 보자.

그냥 이것저것 원하는 걸 찾을 때까지 하나씩 다 눌러 보자.

그럼 언젠가 내가 원하는 대로 방 불도 바로바로 켜고, 화장실 스위치도 망설임 없이 찾고, 환풍기도 한 번에 쌩쌩하게 돌릴 수 있는 그런 날이 오겠지.

수영 배웠다고 다 박태환이 되어야 하고, 드럼 배웠다고 다 유명 아티스트가 되어야 하는 건 아니니까. 중간에 포기해도 괜찮으니까. 그렇게 하다가 '아씨, 내가 찾던 건 이게 아닌데' 싶으면 그냥 또 과감하게 덮어놓고 다른 걸 도전하면 되지.

그러니까, 그냥 나는 앞으로도 하고 싶은 걸 하나하나씩 다 눌러 보며, 때론 시행착오도 해 가면서, 그렇게 살겠다. 선택지가 많아 고통스러워도 일단은 제일 땡기는 것부터 하나씩 내 몸에 맞춰 보며 그렇게 살련다. 혹시 알아? 그렇게 이것저것 해 보다가 뜻밖에 내가 낚시나 바느질 같은 거에 천부적인 소질이 있단 걸 알게 될지.

자자, 겁먹지 마. 이건 그냥 재미있는 놀이야.

그러니까 이제 걱정하지 말고, 짜증 내지도 말고 당신의 스위치 앞에 서서 평소 눌러 보고 싶었던 걸 '꾹' 눌러 보는 거야.

'It's so simple'

꽃이
피긴 하는
겁니까

내가
그곳에
있었을 때

제가 알아서 하겠습니다

로컬 식당에서 식사하다 한 중년의 한국 남자를 만났다. 자고로 여행 초반엔 말 통하는 같은 나라 사람이 그저 반가운 법. 그 역시 처음엔 내게 그랬다. 그는 본인을 국제 사업가라고 소개했고 인도 여행은 이번이 네 번째라고 덧붙였다.

오, 이 인크레더블한 나라를 네 번이나 방문하셨다니, 좀 대단한걸~?

나는 그가 자랑스레 늘어놓는 무용담들을 열심히 들어줬다. 인도를 네 번이나 왔다는데 할 말이 얼마나 많겠나. 충분히 이해한다. 그렇게 한참 이야기를 듣던 도중 그는 나에게도 슬쩍 질문해 왔다.

"그래서, 다음 여행지는 어디라고?"

"카주라호요. 이틀 후에 출발해요."

"에엑??? 카주라호?? 왜??"

그는 대답을 듣자마자 인상부터 쭈그러뜨렸다. 그러고선 뭘 모른다는 듯 검지 손가락을 펴 좌우로 까닥까닥. 그리고 그때부터 일장연설이 시작됐다.

"아~ 학생! 그 볼 거 없는 시골 촌 동네를 왜 가려고 하지? 여행을 왔으면 자고로 북적북적한 데서 사람도 좀 만나고 좋은 것도 많이 구경해야 맛이지! 학생 그거 지~인짜 잘못 생각하는 거야. 차라리 아그라는 어때? 아그라야말로 진짜 환상의 도시지. 아그라는 말이야~ 에헴!"

꽃이
피긴 하는
겁니까

내가
그곳에
있었을 때

다시 시작된 그의 수다가 이번엔 '서현지라는 여자가 얼마나 실속 없는 여행 루트를 짰는가'를 주제로 끝도 없이 펼쳐졌고, 어쩔 수 없이 나는 또다시 벙어리가 되어야 했다. 다만 아까의 수다와 조금 다른 점이 있다면 내 기분이 아주 아주 불쾌해지기 시작했다는 것.

내가 정성 들여 계획한 일정표는 단 20분 만에 그의 혀로 신랄하게 회 쳐졌고, 그의 수다가 끝났을 무렵 나는 '이 세상에서 가장 인도를 모르는 멍청한 여자'가 되어 있었다. 그리고 슬슬 고민을 시작했다.

카주라호를 갈 것인가, 말 것인가.

조금 재수 없긴 하지만 그래도 경험자의 말이니 따를까?

아닌데, 사진으로 봤을 땐 분명히 좋아 보였는데…

근데 진짜 갔다가 후회만 하면 어쩌지?

아닌가. 오히려 딴 사람 말만 듣고 포기하면 그게 더 후회스러우려나?

아, 어쩌지?

결국, 나는 세상에서 가장 인도를 모르는 여자가 되더라도, 실속 없는 여행 루트를 짠 1인이 되는 한이 있더라도 내가 가 보고 싶었던 카주라호에 가겠노라 결심했다. 가 보고 별로다 싶으면 다른 지역으로 옮기면 되고, 재미있으면 또 재미있는 대로 즐기면 되는 거지. 흥하든 망하든, 일단은 못 먹어도 고!

그렇게 도착한 카주라호.

뭐? 시골 촌 동네? 볼 거 없어서 후회만 할 거라고?

웃기시네.

꽃이
피긴 하는
겁니까

내가
그곳에
있었을 때

나는 그곳에 발을 딛는 그 순간부터 '아, 여기다' 싶더라.

코끝을 살살 스치는 소똥 냄새도, 어딘가에서 풍겨 오는 물비린내도 그저 달콤했고, 함께 자전거를 타며 들판을 누볐던 그곳의 사람들은 나에게 더할 나위 없이 포근하고 따스한 기억을 선사했다.

한마디로 그가 말한 '최악의 카주라호'는,

내게 없었다.

저기요. 있잖아요.

당신이 그렇게 무시하던 시골 촌 동네 카주라호.

나에게는 눈물이 날 만큼 아주 아주 아름다운 곳이었어요.

내 평생 그런 아기자기하고 귀여운 동네는 두 번 다시 못 만날 거야.

당신 말만 듣고 내가 여길 안 왔다면 어땠을까?

생각만 해도 아찔해요.

이 예쁜 동네를 못 봤으면 어쩔 뻔했어.

이 노을 이 호수 이 탈리를 내가 못 보고 못 느끼고 못 먹었으면

진짜 어쩔 뻔했냐고.

여행을 하다 보면 자기보다 일정이 짧거나 혹은 배낭여행 경험이 부족한 사람을 은근히 '여행 후배'쯤으로 생각하고 가르치려 드는 사람이 있다. '정보를 주는 것'과 '가르치려 드는 것'은 엄연히 다른 개념으로, 전자는 Thank you지만 후자는 Fuck you다.

여행지에 더 오래 있었고 더 많은 지역을 돌아다녔다고 해서 내가 상대보다 이 나라에 대해 더 잘 안다고 할 수 있을까? 물론 그럴 확률

이 좀 더 높긴 하지만, 엄연히 내가 느낀 세상과 상대방이 바라보는 인도는 다르다. 당장 나만 해도 스물셋의 인도와 서른의 이곳이 조금씩 다른데, 하물며 타인과의 차이는 오죽할까. 결국, 우리는 모두 다른 여행을 하고 있다. 그 누구도 타인에게 여행을 '가르칠 권한' 따윈 없는 거다.

남의 여행에 훈수질 하지 말아 주세요.
당신이 얼마나 인도를 아는지는 모르겠지만,
조금 모자라 보이더라도
전혀 이해되지 않는다 하더라도

그냥 제 여행은
제가 알아서 하겠습니다.

꽃이
피긴 하는
겁니까

내가
그곳에
있었을 때

코리앤더 피하기

"와, 또야 또!"

식당에서 주문한 볶음밥을 받자마자 밥상에 이마를 처박았다.
소중한 120루피가 허공으로 날아가는 순간이다.

"아저씨… 여기 볶음밥 새로 하나 더 줘요. 코리앤더(고수)는 빼고."
꿈꿈한 냄새가 올라오는 볶음밥을 쳐다보자니 한숨이 푹푹 나왔다.
인도 음식을 만드는 데 있어서 요 코리앤더가 절대적으로 필요하단 건 알지만, 어쨌거나 나한테 안 맞는 건 안 맞는 거다. 평소에도 편식이 심했던 나는 인도를 여행하는 내내 음식과의 사투를 벌여야만 했는데, 제아무리 노력하고 꾹꾹 참아 봐도 이놈의 코리앤더만큼은 도무지 적응이 되질 않았다.

꼬리꼬리한 냄새 하며, 정체를 알 수 없는 그 맛까지. 심지어 먹고 나면 어김없이 설사까지 도지는데, 이쯤 되니 도대체 왜 멀쩡한 볶음밥에 코리앤더를 뿌려서 사람 숟가락도 못 들게 만드는지 화가 날 지경이었다.

"자, 먹어 봐. 이제 그 맛 안 날 거야."

"고마워요. 잘 먹을게요."

"그러게, 못 먹으면 미리 말하지 그랬어."

네네, 그러게 말입니다.
이놈의 코리앤더한테 당하는 게 하루 이틀도 아닌데
미리 말 한마디만 하면 되는 거였는데.
매번 그걸 잊네요, 제가.

나는 어릴 적부터 사람에 대한 경계가 그다지 없는 편이었다. 친구에게 무슨 일이 생기면 '네 일이 곧 내 일이요' 하고 먼저 손을 내밀었고, 낯가림은커녕 상대와 더 빨리 친해지고 싶어 허둥지둥 내 이야기를 막 늘어놓는 그런 인간이었다. 상대방에게 울타리를 치지 않는 이런 성격은 주변에 적지 않은 친구들을 만들어 냈고, 덕분에 살면서 '외롭다'는 감정을 별로 느껴 보지 못했던 것 같다.

하지만 주변에 사람이 많다는 것이 반드시 좋은 것만은 아니더라. 향기를 풍기는 꽃들이 많아질수록 독을 가진 벌들도 늘어나는 법이니까.

나는 사람을 거르지 않고 만난 덕분에 그만큼 인생의 쓴맛도 참 많이 봤다. 가령 친구라 생각했던 인간에게 뒤통수를 맞는다거나, 혹은 믿었던 선배에게 공들여 완성한 과제물을 뺏긴다거나 하는 것들이 바로 그런 거다.

늘 웃어 주니까, 뭐라고 해도 그저 헤실헤실, 도와달라는 대로 끊임없이 베풀어 주고 원 없이 퍼다 날라 줬더니 은근히 사람이 우스워 보였는지. 그래서 나는 누군가가 내 단물만 쪽 빼먹고 얄밉게 등을 돌려버릴 때면 한동안 그 자리에 엎어져서 꽤 오랫동안 가슴 아파하곤 했다. '나쁜년. 내가 너한테 얼마나 잘해 줬는데.' 나름의 원망도 해 가며.

근데 여러 해 그렇게 상처를 받아오면서도 이놈의 성격이란 게 참 바뀌지가 않더라. '이젠 절대 안 도와줘야지', '먼저 아는 척하지 말아야지' 하고 뽀족뽀족하게 굴어 봐도 결국은 또 내가 먼저 고개 숙여 들여다보게 되고, 그러다가 또 예상치 못한 곳에서 칼침을 맞곤 한다.

뭐가 문제지. 왜 꼭 한 번씩 속을 뒤집는 인간이 나타나는 거지.

역시 난 막 대하기 딱 좋은 사람인 건가.

잠시 나쁜 사람이 되더라도, 역시 싫은 건 싫다고 쳐내는 게 정답인가.

그래서 나는 조금 변해 보기로 했다. 그간에는 누가 나에게 좀 심한 말을 하거나 자존심을 건드려도 '에이, 나쁜 뜻은 아니었을 거야.', '내가 예민해서 그런 걸 거야.' 하고 대충 넘겨 주었지만, 이젠 그들에게 '나에게 돌을 던지지 마라!' 정도의 쓴소리 한 번쯤은 당당히 해 주기로. '내가 뭐 잘못한 거라도 있나?'라며 혼자 끙끙대는 대신 "왜 또 지랄이야!"라고 쏘아 줄 줄도 아는, 그런 인간이 한번 되어 보자고.

꼴같잖은 '착한 사람' 코스프레 따위 이제 그만 집어치우자.
내 야들야들한 멘탈은 이제 스스로 지키자.
제발, 이제 할 말은 좀 하고 살자.

"사장님~! 계란 볶음밥 하나요! 코리앤더는 빼고!"
몇 번 코리앤더 때문에 밥을 못 먹어 본 이래로 나는 음식을 주문할 때마다 꼭 '노 코리앤더'를 외쳤다. 괜히 까다로운 코리안이라 손가락질 받을까 봐 입이 잘 안 떨어지긴 했지만, 더 이상은 억지로 저 쿰쿰한 것을 꾸역꾸역 먹지는 말자. 별난 사람이 되든 말든, 일단은 내가 먹고살아야 했으니까. 그게 아무리 인도의 맛을 느끼게 해 준다 한들, 그게 나한테 안 맞는데 다 무슨 소용이냐 말이다.
너를 바꿀 수 없다면, 애초에 내 곁에 오지 못하게 벽을 쳐버리겠다.
싫은 거, 아픈 거, 그 문제가 '사람' 때문이라면, 더 이상은 가슴에 담고 살지 말자.
내가 해 봐서 아는데,
그거 진짜 사람 할 짓 못 되는 거거든.
당당하게 말하고 살련다. 더 이상 싫은 거 억지로 참으며 살지 않으련다. 그러니. 거기서 단 한 발짝도 다가오지 마라.

"NO 코리앤더!!"

꽃이
피긴 하는
겁니까

내가
그곳에
있었을 때

Welcome back, India

바라나시 골목을 거닐다 웬 거지 아줌마를 만났다. 말라비틀어진 아이를 끌어안고 슬며시 다가오더니 새까만 손을 내민다. '한 몇 푼 쥐여 줘 봐봐'라고 말하는 듯한 손바닥.

이놈의 인도. 7년이 흘렀는데도 변한 게 없다. 아직도 나 같은 외국인들은 그저 '돈줄'이고 '호구'다.

"아줌마, 나 돈 없어요."

그래도 이제는 안 속지.

어릴 적에야 뭘 몰라서 이것저것 당해 줬다지만 이제는 어림도 없다! 너희한테 바보같이 휘둘리던 스물셋의 그 여자는 이제 여기에 없다고. 흥.

근데, 아줌마는 내 단호한 거절에도 아랑곳하지 않고 불쌍한 표정으로 '돈은 됐고, 아이 먹이게 우유 한 팩만 사 주면 안 될까?' 하며 매달린다. 이건 한 번도 경험해 본 적 없는 새로운 유형의 구걸이다. 보통은 '배고프다', '학교에 가고 싶다.' 각종 핑계를 대도 결국 궁극의 목적은 돈이던데. 이건 뭐 '돈도 필요 없다, 그냥 아이 밥 한 끼만 사 줘라' 이리 나오니, 왠지 진짜 도와줘야 할 것만 같잖아.

"딱 하나면 되는데… 하루를 꼬박 굶었어."

축 처진 표정을 하곤 애절하게 바라본다. 곧 울 듯한 어린아이의 눈빛은 덤이다.

아 미치겠네! 정말.

"휴, 좋아요. 한 팩이면 되죠?"

마지못해 일어서니 좋다고 펄쩍 뛴다. '이쪽이야!' 하며 앞장서 이끄는 발걸음. 끝까지 돈 달란 말은 안 하는 걸 보니 진짜로 사기 칠 생각은 없었나 보다.

뭐, 어차피 우유라고 해 봤자 한 10루피^{180원}쯤 하겠나, 사람 하나 돕는 셈 치자 싶어 그 신이 난 뒤꽁무니를 쫄래쫄래 쫓아갔다.

근데 몇 분 되지 않아 이런 내 다짐은 보기 좋게 박살 났다. 기껏해야 우유 한 팩일 거라 생각했던 내 예상이 아주 제대로 빗나간 거다.

"300루피^{5,000원}. 계산은 이쪽이 하는 거야?"

"아, 아니 잠깐만!!! 300루피??"

콘플레이크만 한 거대한 분유통을 들고 아줌마가 날 쳐다본다. '왜, 무슨 문제 있어?' 하는 표정으로.

"아니! 우유라면서요?? 아이 먹이게 우유 하나만 사 달라면서!!"

"응, 이거 우유야~ 애들 먹는 거"

하도 황당해서 아이와 아줌마를 번갈아가며 쳐다보고 있자니 주인아저씨가 '아 안 살 거야?' 하며 닦달한다. 와, 이거 뭔가 제대로 당한 기분이다. 300루피면 내 하루 식비인데 그걸 여기다가 쓰라고? 지금 남의 아이 먹이고 나는 굶으란 거야?

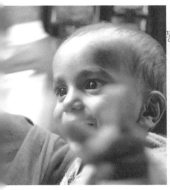

결국, 그 뻔뻔한 얼굴이 괘씸해 냉정하게 뒤돌아버리자 아줌마가 '아 그럼 작은 거!! 작은 거는 100루피1,800원야!'라며 필사적으로 붙잡는다. 뭐야! 심지어 작은 것도 있었어? 근데 굳이 그 큰 걸 고른 거야? 와… 나 진짜.

"고마워~"
가게 앞에서 아줌마와 헤어지는데 나더러 '복 받을 거야'란다. 거금 100루피를 뜯기고 속이 부글부글 끓는데 옆에서 아이가 저리 방긋방긋 웃고 있으니 차마 욕도 못하겠다. 아, 머리야.

이젠 진짜 이런 거 안 당할 줄 알았다. 아니, 당하지 않을 자신이 있었다. 모르고도 당해 보고 대놓고도 빼앗겨 봤으니, 이젠 뭔 수법을 동원해도 절대 호구 짓은 안 할 거라 자부했다.
근데, 아니었네. 내 착각이었어.

내가 나이가 든 만큼 인도도 그만큼 업그레이드됐을 거란 생각을 못
했지 뭐야.
세월이 흘러도 너는 여전히 인크레더블한 인디아고,
나는 아직도 멍청하고 어리숙한 서현지였다. 젠장.

빙글빙글 웃는 듯한 아줌마의 뒷모습이 나를 향해 반갑게 인사한다.

Welcome back, India.

꽃이
피긴 하는
겁니까

내가
그곳에
있었을 때

꽃이
피긴 하는
겁니까

내가
그곳에
있었을 때

조금만 덜 스마트해지면 안 되겠니

내가 7년 만에 인도 땅을 밟고 가장 놀랐던 건, 바로 모든 인도인들이 핸드폰을 가지고 다닌다는 거였다. 처음 인도에 왔던 2010년 즈음만 해도 스마트 폰은 고사하고 종이 지도 한 장만 있어도 감지덕지하며 여행을 다녔던 것 같은데, 요즘은 중학생만 돼도 핸드폰을 목에 걸고 다니며 지도 어플 하나로 길을 착착 찾아내고, 전화 통화도 필요할 때마다 재깍재깍 하고 있으니 이 얼마나 놀라운 일이란 말인가.

가게 곳곳을 돌아다니며 "give me a map, please~!"를 외쳤던 인도. 길 가는 사람을 붙잡고 "여기 기차역이 어디쯤이에요?" 하며 일일이 물어야 했던 이곳이 세상에 고 7년 사이에 이리도 많이 변해 있더라니까. (심지어 오늘 길가는 사람을 붙잡고 "사거리가 어디쯤이죠?" 물었더니 굉장히 한심하다는 눈으로 "너 핸드폰 없니? 검색해 봐." 하더라. 참나.)

근데, 왜인지는 모르겠지만 나는 이 편리함이 참 많이도 섭섭하다. 딱히 이유를 들진 못하겠지만, 그냥 헉 소리 날 정도로 간편하고 스마트해진 이 인도에 알 수 없는 배신감이 든다고나 할까?
예전에 내가 알던 거기가 맞나 싶어서. 고새 참 많이도 변해 버렸다 싶어서.

꽃이
피긴 하는
겁니까

내가
그곳에
있었을 때

그래서 그냥 어딘가 모르게 자꾸 이 업그레이드된 인도가 뭔가 서운하고, 또 아쉽다.

오늘 간만에 엄마한테 영상 통화를 걸었다. 인도에서 살이 얼마나 빠졌고, 밥은 이렇게 먹고 있으며, 이제 바퀴벌레쯤은 슬리퍼로 딱! 잡아 죽일 수 있을 정도로 내공이 쌓였으니 벌레 때문에 고생할 일은 없을 것 같다는, 뭐 그런 일상적이고 소소한 내 인디아 라이프를 얘기해 주고 싶었다. 근데 웬걸.

"엄마 지금 저녁하고 있어~! 이따가 통화하자. 미안해~"
"어, 어? 엄마! 엄마??"
헐. 끊었어? 진짜 끊은 거야??
어떻게 내 전화를 이렇게 끊을 수 있지? 이게 얼마 만의 영상 통화인데?!! 섭섭함이 목구멍까지 꾸역꾸역 올라와 메시지를 보내 툴툴거렸더니 '미안해~ 그래도 이젠 매일 카톡 할 수 있잖아. 좀 봐 줘~'한다. 와, 진짜 너무해. 우리 엄마 변해도 너무 변했다니까! 예전에는 수화기 들자마자 '밥은? 숙소는 어때? 어디 이상한 사람 만나고 그런 거 아니지?' 하며 온갖 걱정거리들을 쏟아내 놓더니만. 이젠 뭐 영상 통화를 걸어도 시큰둥, 카톡을 보내도 답장도 하는 둥 마는 둥이다.

어떻게 이렇게 다를 수 있을까. 왜 이렇게 변했지?
전화를 끊고 한참을 곰곰이 생각을 해 봤는데,
그냥 이유는 하나더라.

더 이상 예전만큼 소중하지가 않아서.
따히 그 한 통의 전화에 목숨 걸 필요가 없어져서.
이젠 모든 게 당연해지고, 또 편리해졌기 때문에.

그래서 이젠 큰 맘 먹고 벼르고 벼르러서 건 영상 통화도 아쉽지가 않고, 더 이상 '언제쯤 연락이 되려나' 하며 핸드폰만 쳐다보고 있을 필요도 없게 되어 버린 거다.
굳이 지금이 아니어도 되니까. 내일 다시 걸면 되는 거니까.
그렇게 인도는 어느새 '다음'을 아주 손쉽게 기약할 수 있는 그런 나라가 됐다. 국제 전화 한 통화 하려면 전화방 앞에서 30분 넘게 줄을 서야만 했던 7년 전의 인도, 끊길 듯 말 듯한 통화 연결음을 들으며 '제발 받아라!! 받아줘 제발!!' 하며 소리 없는 애원을 하던 아쉬움 투성이었던 그 나라는, 이제 더 이상 없다.

안다. 인도라고 언제까지 그렇게 불편하게 살 수만은 없다는 걸.
나는 손가락 하나로 영화 표도 손쉽게 예매하고, 액정 몇 번 탁탁 두들겨서 최신 가요 100곡을 단 몇 분 만에 다운받는 그런 세상에 살면서, 인도라고 언제까지 그 상태 그대로 남아 있길 바란다는 건 정말 이기적인 생각인 거니까.

근데, 이게 참 뭐랄까. 다~~ 아는데도. 머리로는 충분히 이해하고 공감을 하면서도 뭔가가 허전하고 섭섭한 이 감정은 어떻게 수습이 되질 않는다. 섭섭해 죽을 것만 같다.

아, 너무나도 스마트해진 인도여,
조금만 천천히 변해 주오.

그 놀라운 속도에 적응하기엔,
이 서현지가 아직은 너무나 아날로그 한 듯하오니.

꽃이
피긴 하는
겁니까

내가
그곳에
있었을 때

이 오늘을

하루에 한 번씩 기도하고,
수십 가지의 잡생각을 하고,
수백 장의 사진을 찍으며 살아요.

간만에 영어를 쓰며 뇌에 기름칠도 좀 하고,
내가 갖지 못한 것에 대해 아쉬워하기보다
품 안에 안고 있는 것들이 갖는 소중함에 대해
조금 더 생각해 보는 시간을 갖고 있어요.

나는 아직 이곳에 있고,
한국으로 돌아갈 날도 한참 멀었지만
벌써부터 저는 이곳이 아주 많이 그립습니다.

어떻게 잊을까요.
이 소중한 시간을.

이렇게 아름답고 아기자기한
내 서른의 하루하루를.

꽃이
피긴 하는
겁니까

내가
그곳에
있었을 때

꽃이
피긴 하는
겁니까

내가
그곳에
있었을 때

아무것도 하지 말자

인도로 떠나오기 전에 굳게 다짐했던 것이 하나 있다.

바로 매일매일 원 없이 쉬어 보자는 것.

그동안 얼마나 바빴나. 각종 보고서에 외근에, 밥 한 끼 챙겨 먹을 새 없이 바쁜 일상을 헐떡헐떡 따라가느라 심신이 너덜너덜했지 않나. 그 래서 인도에 도착하면 코가 비틀어질 때까지 놀아 주리라. 온종일 자고, 매일 맛있는 음식을 원 없이 먹으면서 신 나게 즐겨야지. 그리 생 각을 했었더랬다.

근데 이상하게 막상 여행을 시작하고 나니까 그게 마음먹은 대로 잘 안 되더라. 곳곳이 볼거리 천지고 신기한 것들 천국인 이곳에서 어떻 게 편히 '쉬기만' 할 수 있겠는가. 왠지 관광 명소 같은 곳은 한 번쯤 눈 도장을 찍어 줘야만 할 것 같고, 포토 스팟에서 남들 다 찍는다는 인 생샷도 한 장씩 남겨 줘야 뭔가 '여행의 멋'이 나는 것 같다고나 할까. 그래서 나는 애초에 인도로 떠나왔던 목적과는 정반대로, 남들이 간 다는 데는 무조건 다 찾아가 보고, 유명하다는 식당은 일일이 다 검색 해서 직접 시식해 봐야 성이 풀리는 아주 빡센 일정을 매일매일 감행 하기 시작했다.

근데, 이게 어느 순간이 되니까 조금씩 지치더라. 처음에야 다시 밟은

꽃이
피긴 하는
겁니까

내가
그곳에
있었을 때

인도 땅에 그저 신이 나서 여기저기 칠렐레 팔렐레 뛰어다니고 사진도 찍고 그랬다지만, 이게 또 한 보름이 넘어가니까 슬슬 몸이 못 따라가기 시작하는 거다. 심지어 유적지 투어를 하도 많이 다닌 바람에 이젠 아무리 거대하고 웅장한 사원을 봐도 다 그게 그거 같고 딱히 대단한 줄도 모르겠을 지경.

와 원래 여행이 이렇게 재미없는 거였나?

내가 알던 인도 맞아? 왜 이렇게 하루하루 지치는 거냐고!

그렇게 기분이 늘어질 대로 늘어져 가던 어느 날, 게스트하우스 옥상에서 우연히 한국인 동생 두 명을 만났다. 같은 대학교 선후배 사이라던 희경이와 언지. 우리 셋은 처음부터 쿵짝이 잘 맞아 만난 첫날부터 새벽 두 시까지 끊임없이 먹고 마시며 수다를 떨었다.

그렇게 별똥별이 뚝뚝 떨어질 때까지 놀던 날 밤,

나는 두 사람의 대화를 듣곤 깜짝 놀라지 않을 수 없었다.

언지 "희경아. 우리 내일 뭐 할래?"

희경 "내일? 글쎄, 근처에 사원이나 구경하러 갈까요?"

언지 "사원? 나 거기 별로 안 땡기는데."

희경 "그래요? 그럼 아무것도 하지 말고 쉬어요~!!"

언지 "오케이! 아무것도 하지 말자. 굿 아이디어!"

응? 아무것도 하지 말자니? 뭘?

설마 먹지도, 놀지도, 보러 나가지도 말자는 말이야?

다음 날, 두 사람은 저녁 해가 떨어질 때까지 진짜로 '아무것도' 하지 않았다. 주변에 볼거리와 먹거리가 널리고 널린 함피에서, 아무것도 안 보고, 아무것도 안 먹으며 그렇게 저녁까지 방 안에서 뒹굴다가 해가 떨어지고 나서야 '아, 배고프네?' 하면서 숙소 밖으로 기어 나온 거다.

와, 저게 가능해? 어떻게 온종일 방 안에서 안 나올 수가 있지?
어떻게 여행을 와서 저렇게 아무것도 안 할 수가 있느냔 말이야.

허나 두 사람과 헤어진 이후, 나는 몸과 마음이 늘어질 때마다 그 날의 대화를 끊임없이 되뇌었다. 볼거리들에 흥미를 잃을 때마다, 맛집을 찾아다니는 게 지겹게 느껴질 때마다 나는 쿨하게 '아무것도 하지 말자' 던 두 사람의 얼굴을 떠올렸다. 그리고 어느 순간부터는 나도 희경이와 언지처럼 종일 방구석에 처박혀 집순이처럼 생활하기에 돌입했다.

열한 시쯤에 느지막이 일어나 바나나로 대충 점심을 때우고, 누워서 일기를 쓰거나 딩가딩가 음악이나 좀 듣다가, 운이 좋아 비라도 오는 날이면 추적추적 떨어지는 빗방울 소리를 들으며 낮잠을 청하기도 하면서. 그렇게 하루를 아주 제대로 느슨하게 흘려보내기 시작했다.
근데 정말 신기하게, 이렇게 '아무것도 안 함'으로 채우는 시간이 늘어날수록 오히려 여행이 더 더 재미있어지더라. 뭔가를 봐야 하고, 먹어야 하고, 느껴야 한다는 그 압박을 벗어던지고 나니 그제서야 진짜 '아, 내가 여행을 시작했구나' 싶은 기분이 들더라고. 그전까지는 인도를 '보러 다니는' 입장이었는데, 이제는 그냥 '인도에 있는' 상황이 되다

꽃이
피긴 하는
겁니까

내가
그곳에
있었을 때

보니 전에 없던 여유가 막막 생겨났다.

남들이 유명하다고 하든 말든. 맛집이라고 난리가 나든 말든

그냥 내가 보고 싶으면 보고, 먹기 싫으면 몇 끼씩 굶기도 해 가면서.

그렇게 루즈하고 게으르게 여행을 하다 보니

서서히, 나도 모르는 사이에 인도가 내 곁으로 성큼 다가와 있었다.

이렇게 사람들은 여행을 와서까지 뭔가를 해야 할 것 같은 조바심을
떨치기가 어려운가 보다. 회사 다닐 때는 그렇게나 자유로워지고 싶어
했으면서, 왜 그렇게 살 필요가 전혀 없는 인도에서까지 '맛집 찾기, 관
광지 서칭하기' 등으로 하루하루를 피곤하게 보내고 있었던 건지.

그러지 않아도 되는 거였는데.

그냥 내가 안 보고 싶으면 안 보면 되고.

쉬고 싶으면 온종일 방구석에 처박혀 낮잠이나 퍼 자도 아무도 신경
쓰지 않을,

이건 그냥 내 '여행'일 뿐인데 말이다.

이게 다 우리가 평소에 너무 열심히 살아서 그런 걸 테다. 하도 빡세고
치열하게 살아온 탓에 그렇게 살아야만 열정적으로 사는 걸 거라 믿
기 때문에. 왜 이미 초등학교에 들어가기 전부터 그렇게 배우지 않는
가. 평생을 뼈 빠지게 노력한 개미는 결국 성공하고, 낮잠으로 시간을
탕진하던 베짱이는 늘그막에 쫄딱 망해서 초라하게 얼어 죽고 만다
고. 그래서 나는 이 동화처럼 매사에 정말 열심히만 살았던 것 같다.
베짱이처럼 망하지 않으려고. 좀 멋지고 번듯하게 한번 살아 보려고.

사실 알고 보면 꼭 정답이 하나인 것만은 아닌데 말이지.

이게 바로 '습관'인가 보다. 단 몇 시간을 흘려보내는 것조차 초조해 하고 불안에 떠는 것. 뭔가 보거나, 먹거나, 바쁘게 움직이지 않으면 당장에라도 죽을 사람처럼 안절부절 조바심을 내는 성마른 행동들. 결국 그 습관들이 하나하나 모여, 지금 인도에서까지 내 정신을 숨 가쁘게 만들고 있었던 건 아닐까.

희경이와 언지를 만나고 난 뒤, 나는 그제야 '서현지다운 여행'을 하기 시작했다.
남들이 한다면 그저 나도 해야만 했던 그 생활을 싹 다 청산하고.
그냥 하루하루 내 기분이 시키는 대로,
어떤 날은 방구석에 처박혀 있기도 했다가, 또 어떤 날은 미친 듯이 돌아다니기도 하는, 그런 계획 없고 느릿느릿한 여행.

조금은 내려놓아도 좋을 것 같다.
많이 보고, 좋은 걸 먹고, 남들보다 뭔가를 더 깨닫는 것도 물론 중요는 하겠지만, 꼭 그렇게 뭔가를 '많이' 한다고 해서 더 옳은 여행이고, 좀 더 '잘하는' 여행이라고는 말할 수 없을 테니까.

여행지에 있는 당신. 지금 당신이 몸담고 있는 그 하루를 아주 아주 마음껏 사용하라.
괜히 남들이 한다고 눈치 보면서 억지로 따라가 스트레스만 쌓고 오지 말고, 그냥 하고 싶은 대로 마음껏 자고, 쉬고, 놀면서.

그렇게 그대만의 방식대로 이 하루를 야무지게 탕진하고 돌아오기를,

그렇게 바라본다.

맏이로 산다는 건

나가르코일로 향하는 기차를 기다리고 있을 때였다. 등이며 이마에 땀이 줄줄 흘러내리는 걸 느끼며 의자에 늘어져 있는데 내 앞으로 어린아이 두 명이 지나간다. 너덧 살쯤 되어 보이는 형 꼬맹이와 그보다 좀 더 어린 듯한 동생 꼬맹이.

'아이고, 고놈들 참 귀엽기도 하지.'

형은 고사리 같은 손으로 제 형제의 작은 손을 꼬옥 붙잡았다. 저도 뒤뚱뒤뚱 걷는 처지에 행여 동생이 넘어지기라도 할까 그저 노심초사. 어쩌다 동생이 중심을 잃어 손으로 바닥을 짚을 때면 냉큼 제가 입고 있던 셔츠를 당겨 손에 묻은 흙이며 돌조각들을 탈탈 털어냈다. 옷이야 더러워지든 말든, 다리가 아파 오든 말든.

대견했다. 사랑스러웠고 또 귀여웠다. 근데 어딘가는 참 안쓰럽기도 했다. 아마도 나 역시 저 아이처럼 누군가보다 앞장서서 걸어야 했던 적이 있어서일까.

내가 여섯 살이 되던 해에 남동생이 태어났다. 세상의 모든 맏이가 그렇듯 나 또한 첫째로서의 무게를 견디느라 꽤 고달픈 인생을 살았다. 어렸을 적부터 맞벌이하는 부모님을 대신해 동생의 식사를 챙겨야 했으며, 한창 뛰어놀 나이인 초등학생 때조차 막내의 유치원 하원 시간을 제대로 맞추지 않았다는 이유로 호되게 혼이 나야만 했다. 동생이

꽃이
피긴 하는
겁니까

내가
그곳에
있었을 때

저지른 잘못은 몽땅 내 책임이 되었고 억울한 마음에 조금이라도 변명을 할라치면 '네가 누나니까 모범을 보였어야지!' 하며 두 배로 잔소리가 돌아왔다.

그렇다. 내가 어린아이로서 마음껏 부비적거리고 칭얼거릴 수 있었던 세상은 동생이 태어나던 해에 이미 끝나 버렸다. 서럽고 억울하게도 말이지.

그러다 내가 열아홉 살이 되던 무렵, 아빠가 사업에 실패하면서 가세가 크게 기울기 시작했다. (말이 '기울었다'지 사실 폭삭 내려앉은 거였다. 당장 참고서 살 돈마저 뎅겅 끊겼었으니까.)

돈이 없다는 건 내가 생각했던 것보다 훨씬 더 무섭고 잔혹한 일이었다. 단 한 번도 학원비라든지 육성회비 낼 걱정을 해 본 적이 없던 내가 처음으로 미납자 명단에 이름을 올렸고, 떡볶이를 먹으러 가자는 친구들에게 차마 돈 없어 못 간다는 말은 못 하겠어서 다이어트를 한다는 핑계로 눈물을 머금고 거절하기도 해야 했다.

그래서 대학생이 된 이후에도 나의 새내기 라이프는 그다지 아름답진 못했다. 동기들은 다들 예쁜 옷도 사 입고 맛있는 음식도 먹으면서 캠퍼스 라이프를 즐기는데, 나는 늘 막창집이며 카페, 학원 등등을 전전하며 용돈 벌기에 바빴다. 배우고 싶은 게 생기면 어떻게든 무료로 들을 수 있는 프로그램을 찾아야 했고, 친구들이 가지고 다니는 값비싼 브랜드 가방 따윈 언감생심 꿈도 꿀 수 없었다. 눈물 나고 서러웠지만 어쩔 수 없었다. 어렸던 내가 가난에 맞서 할 수 있는 일이란 고작 그런 것뿐이었으니까.

근데 말이다.

이 와중에 나를 진짜 진짜 힘들게 한 게 뭔 줄 아나?

바로 '아무렇지 않은 척' 해야 한다는 거다.

너무너무 피곤하고 곧 죽을 듯이 괴로워도 나는 밝아야만 했다. 누구한테 말할 수 있었을까. 아무리 친하다 한들 친구들 앞에서 내 밑바닥을 보이기엔 난 고작 스물이었고 서럽고 속상하다고 마음껏 울어버리기엔 나는 서 씨 집안의 맏이였다. 돈에 치여 살다 보니 엄마 아빠는 대화를 잃었고, 삭막해진 집안 분위기에 중학교 2학년이던 남동생은 점점 더 엇나가기만 했다.

그래서 나는 밝은 척 연기를 하기로 했다. 종일 서빙을 하느라 물집이 잡힌 손가락도, 퉁퉁 부어오른 다리와 제때 먹지 못해 꼬르륵 소리가 나는 배도 그냥 나만 아는 비밀로 하기로 했다. 그리고 매일 밤 불 꺼진 방 안에서 눈물을 흘리며 생각했다. 아무것도 모른 채 철부지로 살아도 되는 내 동생이 너무너무 부러워 미칠 것만 같다고.

할 수만 있다면 동생이랑 영혼을 바꾸고 싶었다. 수능을 또다시 쳐야 한다 해도 상관없으니, 교복이라는 방패를 두른 채 아무것도 몰라도 되는 그저 중학교 2학년이 되고 싶었다.

근데 현실은 그게 아니었지. 당장 나는 끼니를 걸러도 동생만은 뭐라도 챙겨 먹여야 했고 알바를 하느라 피곤한 와중에도 열다섯 어린 둘째 앞에선 늘 당당하고 씩씩한 누나여야 했으니까.

그렇게 나는 너무도 빨리 잊어야만 했다.

누군가의 보호를 받는 법과,

타인에게 마음껏 어리광부리며 느슨하게 살 수 있는, 그런 여유를.

어느새 목구멍이 젖었다. 눈가가 화끈화끈했다.
동생의 손을 꼭 잡은 형의 오른손이 참 슬프다.
멋지다. 참 보기 좋다. 아마 저 둘째는 앞으로도 절대 외롭지는 않을
거다. 넘어지면 냉큼 일으켜주고, 빽빽 울어 댈 때면 후다닥 달려와 도
닥도닥 달래주는 형이 있으니까.

근데, 나는 저 첫째가 제 동생 때문에 너무 빨리 어른이 되지는 않았
으면 한다. 가끔은 동생의 손에 묻은 먼지보다 아픈 제 다리를 먼저
걱정하고, 또 가끔은 부모님이 사 준 과자를 남몰래 제 입에 먼저 넣
는 얌체 같은 짓도 해 가며 그렇게 오랫동안 천진한 아이인 채로, 그렇
게 지내 주었으면 좋겠다.

너무 그러지 마라. 너도 아직은 그냥 어린아이다.
너도 때로는, 누군가에게 어깨를 기대고, 마음을 나누고,
그렇게 어린아이처럼 살아도 되는 거란다.

손을 꼭 잡고 걸어가는 형제의 뒷모습을 보며 스무 살의 나를 떠올
린다. 남몰래 눈물 흘려야 했던 그 작은 등을, 가만히 쓸어내려 본다.

꽃이
피긴 하는
겁니까

내가
그곳에
있었을 때

episode 8

반갑고 사랑스러운 페널티

바다가 내려다보이는 목 좋은 게스트하우스에 머물며 몇 날 며칠을 방에서 뻐대고 있었더니 자연스럽게 숙소 스텝들과 친해졌다. (처음엔 다들 29살이라길래 나보다 동생인 줄 알았더니만 알고 보니 다들 1987년생이라고. 이놈의 한국식 나이 계산법 때문에 늘 해외 나오면 한두 살 더 늙은이가 된단 말이지. 쳇.)

오늘은 이 숙소 스텝들이 나에게 남인도 가정식을 대접하겠다며 두 팔을 걷어붙였다. 아침부터 "해산물 좋아해?", "치킨이 좋아 돼지고기가 좋아?" 하며 각종 질문을 퍼붓더니 서툰 솜씨로 야채를 다듬고, 면을 삶던 요 귀여운 남자들. 그 와중에 "에비~! 손님은 일하는 거 아냐!" 하며 손 하나 까닥 못하게 하는데 와~ 진심으로 여기서 눌러살까 진지하게 고민했었다니까.
"밥 다 됐어~! 먹으러 나와~!"
"야호!! 밥 먹는다 밥~!"
신 나게 방문을 박차고 로비로 뛰어 나오던 그 순간, 나는 공기 중에 떠도는 매캐한 냄새를 맡자마자 심장이 철렁 내려앉았다. '뭐야? 설마 매운 요리인가? 에이~ 아냐. 아닐 거야. 아니어야만 해!!'
하지만 설마가 사람을 잡았지. 떨리는 손으로 한 숟갈을 딱 뜨자마자 온 혓바닥이 마비되는 것 같은 기분을 느껴야 했으니까.

"으악!!! 물! 물!!"
뭐야!! 도대체 안에 뭘 넣은 거야!!
너네 혹시 마살라 한 팩을 다 쓴 거야?! 실수로 후추통이라도 엎었니?
아니면 혹시 내가 너희한테 뭐 잘못했어??

차디찬 생수를 벌컥벌컥 마시고도 화끈한 느낌이 가라앉질 않아 한
참을 발을 동동 굴렀다. 그 한 입이 어쩌나 강렬했는지 아랫입술에 불
끈불끈 맥박이 뛰고 머리까지 댕댕댕 울렸다.
와, 미치겠다. 태어나서 이렇게 매운 음식은 처음이야. 대박.

그렇게 소파를 붙잡고 얼마나 생쇼를 했을까. 차츰 매운맛이 가라앉

고 조금씩 정신이 들기 시작하자 그제야 내 앞에 드리워진 시무룩한 얼굴들이 눈에 들어왔다. 축 처진 눈썹, 툭 튀어나온 입, 속상함을 덕지덕지 묻히고 있는 양 볼까지. 아, 큰일 났다. 어떡하지. 진짜 완전히 망했어.

"어때, 이제 좀 괜찮아?"

"어? 어어!! 괜찮아! 이제 좀 가라앉은 거 같아."

"우리는 그냥… 케랄라 음식 차려주고 싶어서…"

나는 급하게 미안한 표정을 지어 보였으나 이미 늦어도 한참 늦었다. 다들 옹기종기 둘러앉아 외국인 친구에게 남인도 요리를 하나씩 설명해 주며, 그렇게 화기애애하게 식사를 할 거라 기대했을 텐데. 그 상상을 내가 단 1분 만에 박살 냈으니 아마 그 어떤 변명을 해도 소용이 없겠지.

그날 이후로 나는 그 친구들에게 있어 '이 세상에서 가장 매운 음식을 못 먹는 한국인'이 됐다. 그리고 내가 뭔가를 먹을 때마다 "너 그거 괜찮겠어? 그거 매운 거야!"라며 걱정하기 시작했고, 가끔 같이 음식을 만들어 먹을 때마다 내가 맛있게 먹는지, 또다시 물을 찾으며 데굴데굴 구르지는 않을지 티 나게 눈치를 살피곤 했다. 미안하고, 미안하고, 또 미안하게시리.

조금 시간이 흐른 뒤 이날의 사건(?)에 관해 이야기를 나눈 적이 있었는데, 아니나 다를까 다들 적잖게 상처를 받았더라고. "너 그때 정말 너무했어. 아무리 그래도 그렇지 어떻게 한 입 먹고 뱉어버릴 수가 있어."

하면서.

그래서 물어봤다. 내가 어떻게 하면 속이 좀 풀리겠느냐고.

그랬더니 그중 하나가 대뜸 그런다.

"그럼 다음에 우리가 한국 가면 네가 우리한테 식사 대접 한번 해 줘."

"뭐라고??"

너희가 한국에 오겠다고?? 나를 보러??

"헐, 다들 진심이야?"

"당연하지. 넌 이제 우리한테 페널티 받은 거야. 우리가 한국 가면 잊지 말고 꼭! 맛있는 한국 음식을 만들어 줘야 해."

와. 이렇게 감격스러울 수가 없다. 한국에 온단다. 이 인도 친구들이 나를 보러 한국에 오겠단다. 이제 내가 굳이 인도로 오지 않아도, 나를 보러 한국까지 날아와 줄 친구들이 생긴 거다. 세상에. 이렇게 사랑스러운 벌칙이 또 있을까. 이렇게 가슴 뛰는 페널티가 또 있겠느냔 말이다.

"좋아! 너네 꼭 와야 해. 나 페널티 꼭 받을 거니까 한국에 무조건 놀러 와야 한다!! 까먹으면 죽어!!"

다들 고개를 끄덕인다. 새끼손가락 걸고 꼭꼭 약속도 했다.

매운 음식을 못 먹는 덕에 받은 페널티.

요 새빨간 딱지가, 태어나서 처음으로 귀엽고, 또 사랑스럽다 느껴본다.

P.S. 몰랐는데. 케랄라 가정식엔 마살라가 좀 많이 들어가는 편이라고 한다. 매운 음식을 못 먹는 사람들은 꼭 참고하길 바란다.

내가
그곳에
있었을 때

바람 빠진 코끼리

남인도 함피. 뜨거운 뙤약볕을 뚫고 비루파샤 사원을 찾아
가는 길이었다.

'에이씨, 더워! 괜히 나왔어!'
이미 등이며 발이며 땀으로 범벅돼 온몸이 미끈거렸다. 찝
찝하고도 불쾌한 기분으로 사원 안쪽 그늘을 찾아 걸어 들
어가는데 옆에 있던 동생이 갑자기 '저기 봐요. 언니!!!' 한다.
무심코 가리키는 쪽으로 고갤 돌렸더니 저 멀리에 웬 시커
먼 덩치 하나가…
"헐? 저거 지금 코끼리인 거야?"

세상에. 진짜 코끼리다.
동물원에서도 잘 못 본다는 그 귀하신 몸.
내 코끼리를 이렇게 가까이서 볼 줄이야!!

근데 저 덩치 큰 녀석이 저리 온순하게 가만히 붙잡혀 있는
게 좀 이상했다. 묵직한 코로 마음먹고 후려치면 사람 대여
섯쯤은 우습게 날려버릴 것 같은데도 그저 집에서 기르는
강아지마냥 고분고분.

아냐. 뭔가 잘못돼도 한참 잘못됐어.
저건 내가 알던 그 코끼리가 아니야.
저게 코끼리일 리가 없어. 절대.

누구나 죽고 못 사는 친구 하나쯤은 있을 것이다. 차마 목숨이랑 바꾸겠다고 까진 못하겠지만, 그래도 그 비슷한 거까지는 어떻게 해 볼 수 있을 것 같은, 그런 내 반쪽 같은 친구.

나 역시 마음을 나눈 지 좀 오래된,

인생의 반을 함께한 소중한 친구가 하나 있다.

중학교 입학을 앞두고 종합 학원에 상담을 받으러 갔던 겨울, 나는 학원 휴게실에 앉아 있던 그녀와 처음으로 만났다. 새까만 똑 단발이 굉장히 인상 깊었던 그녀는 생전 처음 보는 내게 조금의 망설임도 없이 오른손을 척 내밀었다.

"안녕? 난 이현아. 얼핏 들었는데 너 나랑 같은 중학교더라? 친하게 지내자."

특유의 당당함에 채 놀랄 틈도 없이 나는 그녀의 오른손을 맞잡고 흔들었고 그렇게 우린 얼떨결에 친구가 됐다.

사실 나는 그때까지만 해도 그녀와 이렇게까지 오래 친구로 지낼 거라곤 생각하지 못했다. 그러기엔 우리는 취미나 성격, 혹은 좋아하는 음악이나 집안 환경과 같은 모든 게 너무나 달랐으니까. 당시만 해도 엄마와 그다지 살가운 편은 아니었던 나와 달리 그녀는 어릴 적부터 부모님과 참 많은 대화를 하는 다정한 딸이었고, 늘 어정쩡한 성적으로 보통만을 유지했던 나와 다르게 현아는 이미 한 학기나 진도를 앞서나갈 만큼 똑똑한 우등생이었다.

하나부터 열까지 맞는 게 하나도 없던 우리가 어떻게 친구가 될 수 있

꽃이
피긴 하는
겁니까

내가
그곳에
있었을 때

없는지는 아직도 미스터리지만, 어쨌거나 그녀와 나는 첫 교복을 입던 그 날부터 학사모를 벗고 정장을 입는 순간까지 모든 인생의 희로애락을 함께했다.

나는 현아가 가진 것 중 대부분이 마음에 들었지만, 그중에서도 특히나 부러웠던 건 무슨 일이 있어도 '까짓것, 하면 되지 뭐!'라고 밀어붙여 버리는 그녀만의 긍정적인 성격이었다. 모의고사를 망쳐도 용돈이 떨어져도 순식간에 그 어둠을 털고 일어날 수 있는 그녀만의 밝은 빛. 살면서 어쩌다가 길바닥에 엎어져도 '에이씨, 기왕 넘어진 거 잠깐 쉬었다 가지 뭐'라며 그러려니 넘길 수 있는 그녀만의 여유를 나는 참으로 사랑했다.

그래서 난 현아가 국가 고시를 준비하기 위해 수험생 신분으로 돌아가겠다고 말했을 때 흔쾌히 너는 할 수 있을 거라 자신 있게 말했다. 진짜 현아는 충분히 합격하고도 남을 인간이니까. 혹 합격하지 못한다 해도 결코 좌절할 사람이 아니니까.

그래서 그저 옆에서 묵묵히 응원해 주겠다고.

그러니 불안해하지 말고 평소 하던 대로만 하라며 함께 파이팅을 외쳐 줬다.

근데 아무리 당찬 현아라도 가끔은 에너지가 방전될 때가 있긴 한가 보더라. 시험에 떨어진 후 그녀 특유의 밝은 에너지가 갈수록 사라져 가는 게 보였다. 몇 달 만에 그녀를 마주했을 때 나는 내 앞에 있는 이 여자가 그간 내가 알던 그 이현아가 맞나 의심했다. 마음만 먹으면 누구든 친구로 만들어 버릴 수 있던 그녀가, 벼락치기를 해도 늘 우등생이었던 내 친구가. 왜 이렇게 바람 빠진 풍선같이 늘어져 있는 걸까.

속상하고. 또 겁이 났다.
내가 어릴 적부터 알던 그 모습이 사라진 것 같아서.
내가 그토록 부러워하던 그 아우라가 두 번 다시 빛나지 않게 될까 봐.

"쟤 저거 충분히 끊고 나올 수 있을 거 같지 않아?"
코끼리의 앞다리에 묶여 있는 쇠사슬이 괜히 미웠다. 저게 뭐라고.
한 번만 독하게 마음먹고 걷어차면 볼품없이 쩽하고 떨어져 나갈 쇠
쪼가리일 뿐인데.
인간 따윈 감히 덤빌 엄두도 못 낼 만큼 거대한 힘을 가진 저 짐승이,
왜 벌써부터 푸시식 바람이 빠져 울타리에 털썩 널려 있는 걸까. 보는
사람 마음 아프게.

나는 함피에 있는 내내 시도 때도 없이 이 코끼리를 떠올렸다. 그리고
그럴 때마다 한국에 두고 온 내 친구 현아를 생각했다. 쓴 한약을 삼
킨 듯한 표정으로 내 앞에 풀죽어 있던 그 얼굴. 실패의 고통을 견디
느라 내쉬는 숨에서조차 독한 내음이 풍기는 것 같던 그 안타까운 모
습이, 이 코끼리와 너무나 닮아 보여서.

허나 제아무리 지쳐 있다 한들, 한번 코끼리는 영원한 코끼리다. 다리
가 묶여 있고 무서운 채찍이 등을 내리친다고 해도, 한번 코끼리로 태
어난 이상 언젠가는 다시 코끼리로서의 삶을 살아가겠지.

꽃이
피긴 하는
겁니까

내가
그곳에
있었을 때

지금 당장은 쇠사슬에 발목이 묶여 한낱 관광객이 나눠 주는 바나나나 받아먹고 있지만, 어느 날 갑자기 불끈 용기가 생길 때면 내가 언제 갇혔었냐는 듯, 묶여 있던 쇠사슬을 보기 좋게 걷어차 버리곤 밀림으로 힘차게 달려가는 그 날이, 반드시 오고야 말테니까.

그러니 현아도, 저 코끼리도

그냥 잠깐 이 울타리에서 쉬어가는 것뿐이라고,

비록 잠시 늘어져 있긴 했지만, 언젠가 이 족쇄를 풀고 원래 있던 자리로 되돌아가고야 말 거라고. 그렇게 한번 믿어 보려 한다.

힘내 인마!

넌 그 누구도 감히 건드리지 못하는 밀림의 거물! 무려 코끼리란 말이다!

지금 너 기다리고 있는 친구들이 얼마나 많은지 알기나 해??

못 본 지 오래됐다고 지지배배 보채는 애들도 한둘이 아니라고.

그러니까 얼른 정신 차리고 꼭 다시 돌아와야 한다.

보고 싶어 죽겠다. 이 녀석아.

나의 소원은요

의지할 사람 하나 없는 타국이라 그런가, 맘이 약해질 때마다 자꾸 어디에라도 기대고 싶어지더라. 그래서 요 며칠, 하루가 멀다 하고 사원을 찾아갔다. 그리고 간절히 빌었다.

'한국인 따~악! 한 명만 만나게 해 주세요. 네?? 말하고 싶어 죽겠어요!!'

'변비 좀 어떻게 해 주시면 안 될까요?? 벌써 3일째예요!!!'

그냥 길거리에 보이는 아무 사원에나 슥 들어가 남들 하는 것처럼 무릎을 꿇고 두 손을 가지런히 모은 다음, 아주 정성 들여 신의 바짓가랑이를 붙잡고 늘어지는 거다. '이래도 안 들어 줄 거야?? 정말? 응응??' 온갖 생떼를 써 가면서.

그러다 마말라푸람에서 한 제주도 출신 청년을 만났다. 이름은 장수범. 한 날은 수범 군과 이 '소원'을 주제로 대화를 나눈 적이 있다.

서현지 너는 인도 와서 무슨 소원 빌어 봤어?? 난 너무 많아서 이제 기억도 잘 안나.

장수범 소원이요? 음… 소원이라. 글쎄요? 아직까진 없는 거 같은데.

서현지 뭐?? 진짜? 한 번도 없다고?

꽃이
피긴 하는
겁니까

내가
그곳에
있었을 때

장수범 네, 뭐 딱히. 그럼 누나는 그동안 무슨 소원 빌었는데요?

서현지 나? 나야 뭐… 한국인 만나게 해 달라, 변비 낫게 해 달라, 뭐
그런 거??

장수범 에이~. 그게 무슨 소원이야. 노력하면 얼마든지 이룰 수 있는
일을 '소원'이라 부르는 건 좀 아니지 않아요??

서현지 뭐래~

장수범 일행이야 인터넷 카페 뒤져서 찾으면 되고, 변비는 라시 많이
먹으면 충분히 해결할 수 있는데 그게 뭐라고 기도까지 해요. 신
이 그렇게 한가한 줄 아시나~

처음엔 좀 황당했는데 가만히 생각을 해 보니 맞는 말이긴 했다. 내가
살면서 빌어 온 것들은 확실히 내가 노력하면 충분히 이룰 수 있는 것

들이긴 했으니까. 예로 들면 '몸무게 45*kg* 만들기'라거나, '토익 990 만점' 같은 거? (아닌가… 둘 다 신의 영역인가.)

그러고 보면 제대로 노력해 보지도 않고서 '제발 이러이러하게 해 주세요.'라고 기도부터 하는 건 신을 상대로 조금 비겁한 짓을 하는 게 아닐까 싶다. 신도 참 어이가 없겠지. "아니! 허구한 날 그렇게 처먹는데 45*kg*을 뭔 재주로 만들란 말이야??" 하며 혀를 쯧쯧 찼을지도 모른다.

너무 솔직해서 좀 당황하긴 했지만, 그 덕에 아주 제대로 각성했지 뭐야.

부끄러운 얼굴이 따뜻하게 달아올랐다.

벤치에 누워 잠시 눈을 붙이는데 어디선가 '찰칵' 소리가 들린다.
화들짝 일어나보니 웬 인도 남자 하나가 핸드폰을 들고 멀뚱히 쳐다본다.
"뭐하냐?"
"그냥, 너 자는 거 신기해서"

노점에서 찐 감자를 우걱우걱 먹고 있는데
쭈그리고 앉은 내 주변으로 하나둘 사람들이 몰려든다.
"뭘 봐."
"너 뭐 먹나 싶어서."

도대체가 뭐가 그리 신기하고 궁금한 건지 모르겠다.
하는 짓, 먹는 거, 심지어 널브러져 자는 모습 하나까지
일거수일투족 저리 빤~히 들여다보는데 아주 신경이 쓰여 미칠 지경.

근데 시간이 흐르니까 그것도 슬슬 재미있어지더라.
"엣취!!" 재채기 한 번만 해도 "푸하하!" 하고 터지는 그 웃음소리가 좋아졌고,
"으악!! 바퀴벌레!!" 소리만 질러도 우르르 달려와 주는 그 행동들이
너무너무 사랑스러워졌다.

그래, 그냥 봐라 봐. 맘껏 관찰하고 원 없이 감상해라.
내가 또 어딜 가서 이런 관심 받아보겠어.

나도 너희 사는 거 실~컷 구경할 테니까,
너희도 나 여행하는 거 원~없이, 아주 질릴 때까지 들여다보려무나.
마음껏 구경하라!

Keep your eyes on me as you please!!

이제는 깨져야 할 타이밍

이 동네를 주름잡는 어느 유명한 라시집엘 들렀다. 제일 인기 있다는 바나나 라시를 주문 후 의자에 멍하니 앉아 있는데 가게 구석에서 뭔가 흥미로운 게 눈에 들어왔다.

"아저씨, 저건 왜 죄다 깨 놨어요?"

컵으로 사용했을 법한 갈색 토기들이 파스락 깨어진 채 바닥에 나뒹굴고 있었다.

"아, 저거? 이제 못 쓰는 거니까."

"저건 한 번 쓰고 버리는 거예요?"

"응, 딱 한 번만 쓰고 깨버려. 원래 저 그릇은 저렇게 쓰는 거야."

제 수명을 다한 채 버려진 흙 그릇들. 이젠 쓸모가 없어져 그저 쓰레기 더미 속에 파묻혀 있었지만, 이상하게 나는 그 토기들이 그저 '쓰레기'로만 보이지는 않더라고. 왠지, 어딘지 모르게 부러운 구석이 있었달까.

그래도 미련은 없겠네.

그릇으로 태어나 한가득 라시를 품고 그릇답게 살아 봤으니,

너는 적어도 억울하지는 않겠어.

학창 시절, 내가 굉장히 좋아하던 친구가 하나 있었다. 간식거리가 생길 때면 당연히 둘이 반쪽씩 나눠 먹었고, 한 사람이 깜빡하고 교과서를 가지고 오지 않은 날엔 마치 제 일처럼 부리나케 옆 반으로 뛰어가 냉큼 책을 빌려다 주곤 했다. 그렇게 좋은 일이든 나쁜 일이든 네 일과 내 일이 따로 없었던 우리 둘. 단연코 나의 열여덟은 이 친구 덕

분에 하루하루가 즐겁고 또 매일 매일 행복했다.

"왜 연락이 안 되지. 무슨 일 있나."
그러다 3학년 반 배정을 하기 직전 겨울. 이 친구는 주변과의 모든 연락을 끊곤 소리소문없이 잠수를 타 버렸다. 당시에 나는 집안 형편이 갑자기 휘청하는 바람에 하루하루 피가 마르는 것 같았는데, 그 와중에도 연락이 닿지 않는 친구 걱정에 종일 핸드폰만 붙들고 살았다. '아 도대체 왜 연락이 안 되는 거야! 내 이거 개학하면 가만 안 둬 진짜!' 하면서.

하지만 개학 날 교실에서 마주친 그녀는 내 얼굴을 보자마자 싸늘하게 피해 버렸다. 영문을 몰라 혹시 내가 뭔가 실수한 게 있는지 물어보려 했지만, 그녀는 말 한마디 붙일 기회조차 주지 않았다. 이상했다. 아무리 생각해 봐도 이유랄 게 없었다. 나는 단 한 번도 그 친구를 함부로 대한 적도 몰래 뒷담화를 하고 다녔던 적도 없는데. 도대체 왜 저렇게 돌변해 버렸을까. 그날부터 꽤 오랫동안 나는 그 친구의 마음을 돌려보려 애썼지만, 결국 우린 예전의 모습으로 돌아가지 못한 채, 그렇게 고등학교를 졸업해 버리고야 말았다. 친구로 시작해, 친구답게 끝내지도 못한 채로.

"이거 씻어서 화분이나 재떨이로 쓰게 숙소에 가져다 놓을까요?"
옆에 있던 동행이 물었다. 아무래도 라시 하나 후루룩 말아먹고 쨍그랑 깨어 버리기엔 좀 아깝긴 했다. 하지만 나는 금세 도리질을 쳤다.

그러지 말자. 그건 좀 아닌 것 같아.

흙 그릇으로 태어난 삶, 흙 그릇으로서 제 소임을 다한 뒤 깔끔하게 사라질 수 있게 그냥 그렇게 두고 싶었다. 유약도 바르지 않은 일회용 도자기가 괜히 그 속에 매캐한 담뱃재나 품고 살아가도록, 그리 만들고 싶지는 않았다. 그건 왠지 이 그릇에 못할 짓인 것만 같아서.

몇 년 후 성인이 되었을 때, 우연한 기회로 그 친구를 다시 만난 적이 있다. 나의 고3 시절을 더욱 암울하게 만든 장본인. 그녀를 다시 마주했던 날, 용기를 내 물었다.
"너, 그때 나한테 왜 그랬어?"

그냥 말해 주지 그랬냐.
내가 잘못한 게 있다면 뺨을 후려쳐서라도 고치게 하지 그랬어.
차라리 그랬다면 그렇게 힘들어하지는 않았을 텐데.
왜 아무 말도 없이 그렇게 내 곁에서 사라져 버렸니.
너를 원망하지도, 함께 만든 추억을 쉽게 깨 버리지도 못하게.

하지만 뜻밖에 그녀의 대답은 간단했다.
"…그냥"
그때는 고3이어서 그랬어. 괜히 예민할 시기잖아.
생각할 게 많아서 그랬던 거 같아.

그녀는 그렇게 깔끔하게 이유를 정리했고 그 말의 끝에 묵직한 감정을 담아 '그땐 내가 어렸어. 미안해.'라고 덧붙였다. 그 사과를 듣는 순간, 나는 드디어 버리지도 다시 쓰지도 못한 채 가슴에 꽁꽁 품고 있던 미련의 도자기를 쨍그랑 깨 버린 후 우리의 관계를 정의할 '친구'라는 새로운 그릇을 꺼내 들 수 있었다.

다 써 버린 토기를 속 시원하게 깨버리듯, 사람 간의 관계에서도 확실한 '맺고 끊음'이 필요한 것 같다. 같이해 온 세월이 있고 함께 나눈 추억이 있다면, 한쪽의 마음이 돌아섰더라도 간단하게나마 이 관계가 끝나는 이유를 상대에게 설명을 해 줄 의무가 있는 것 아닐까.

너무 억울하지 않은가. 분명히 우리는 같이 시작했는데 왜 끝에는 한쪽만 발을 동동 굴러야 하나. 이유를 좀 설명해 주면 덧나나? 어차피 끝인 마당에 '네가 징징거리는 게 싫어졌어.'라든가 '닥치고 공부만 하고 싶어졌어.'라든가, 하다 못 해 '우리 엄마가 너랑 놀지 말래.'라는 말 한마디만이라도 해 주는 게 상대에 대한 예의 아닌가?

그렇게 아무 말 없이 휙 사라져 버리면 나는 어떡하라고. 결국 남은 사람이 할 수 있는 일이라곤 끝없는 자책과 속절없는 원망뿐인데.

우리 그러지 좀 말자.

한번 관계의 그릇을 꺼내 들었으면 제발 맺을 때 맺고, 끊을 때 딱딱 끊어 주며 살자. 설명할 자신이 없어서, 혹은 나쁜 사람으로 기억되는 게 싫다고 자꾸 막판에 꼬르륵 잠수를 타 버리니 결국엔 좋았던 기억마저 보기 싫게 빛이 바래 버리는 거 아니겠나.

한낱 그릇들도 저렇게 화끈하게 맺고 끊는 법을 아는데,

적어도 인간으로 태어났으면 시작과 끝에 대한 예는 좀 갖추면서, 그렇게 살자.

자, 아저씨! 이거 이제 시원하게 깨 버려요!

어차피 제 할 일도 다 했는데 괜히 타이밍 놓쳐서 제대로 깨지지도 못한 채 구석에서 먼지나 담으며 살아가게 하지 말고!

그냥 깨질 수 있을 때 깔끔하고 시원하게 안녕합시다. 오케이?

사과를 주워 담듯이

벵갈루루에 도착했던 날, 기차역 밖으로 한 발 짝 떼자마자 느낌이 확 왔다.

"오 젠장, 여기 너무 별론데??"

이름만 딱 들었을 땐 좀 뭐랄까, 신비롭고 수풀이 우거진 밀림 같은 그런 지역이라 생각했건만. 막상 도착해서 뚜껑을 열어 봤더니 이거 뭐 뉴델리 뺨치게 대도시인 거다. 온 도로는 차들이 점령했고 바쁘게 오가는 사람들 속에 여유라곤 찾아볼 수 없을 정도로 모든 게 다 허겁지겁 빨리빨리.

사람이 미친 듯이 많은 곳이라 그런지 숙소 구하기도 쉽지 않았다. 좀 괜찮다 싶은 숙소는 비즈니스맨들 때문에 이미 Full. 그나마 빈방이 있다는 곳에 기어들어가 가격을 물어보니 무려 1,300루피란다. 헉 소리 나는 방세에 우물쭈물하고 있었더니 심드렁한 표정이 칼같이 따라붙는다.

"여기서 안 묵을 거면 현관문 막고 있지 말고 좀 비켜 줄래??"

꽃이
피긴 하는
겁니까

내가
그곳에
있었을 때

결국엔 반쯤 오기로 하루 치 숙박비를 계산한 뒤 방으로 올라오면서
굳게 다짐했다.
'내일 당장 이 거지 같은 벵갈루루를 떠날 테야. 여긴 진짜 제대로 꽝
이라고!!'

어릴 적에 경북 구미에서 몇 년 살았던 적이 있었다. 아빠가 구미로 발
령을 받으면서 우리 가족은 살던 대구 집을 정리하고 구미로 이사를
하였고 그렇게 나는 구미에서 2년이란 시간을 보냈다.

그 당시 우리 집은 도심에서 한참이나 멀리 떨어진 깡촌에 있었다. 그 래서 아이스크림 하나 사 먹으려면 차를 차고 저 멀리 시내로 나가야 할 정도로 주변 상황이 열악했다. 환경이 이렇다 보니 놀이터라든지 오 락실 같은 건 꿈도 꿔 볼 수 없었는데 그래도 딱히 심심하다거나 무료 하지는 않았다. 왜냐면 나와 온종일 잠자리 잡기, 달팽이 찾기, 땅따먹 기 등을 하며 놀아줄 외할머니가 있었기 때문이다.

나는 외할머니와 함께하는 거라면 무엇이든 즐거웠지만, 그중에서도 가장 좋아했던 놀이는 바로 과수원에 떨어진 사과를 주우러 다니는 것이었다. 당시 우리 집 옆에는 '사과 줍기 놀이'를 할 수 있는 과수원이 하나 있었는데, 딱 5,000원만 내면 온 가족이 먹고도 남을 만큼의 사과를 포대에 마음껏 주워 담을 수 있는 거였다. 놀이의 규칙은 단 하나, 절대로 나무에 달린 것은 따지 말 것! 이 규칙만 잘 지키면 나는 할머니와 함께 과수원에서 아주 재미난 시간을 보낼 수가 있었다.

놀이가 시작되면 나와 할머니는 온 신경을 곤두세우고 사과 줍기에 돌입했다. 최대한 크고, 싱싱한 사과를 주워 담기 위해서. 이 사과를 줍는 데는 생각보다 운이 많이 따라야 했다. 재수가 좋을 때는 방금 나무에서 땄다고 해도 믿을 만큼 싱싱한 사과를 얻을 때도 있지만, 조금만 운이 나쁘면 송충이들이 다닥다닥 붙어 있는 다 썩어가는 놈을 집어 들 때도 있었으니까. 특히나 사과밭에 사는 송충이들은 하나같이 왜 이리도 새빨간 건지, 무심코 집어 들었다가 우글우글거리는 빨간 벌레를 마주하곤 '으아아아악!!!' 소리를 지른 적이 한두 번이 아니다.

이렇게 이 사과 줍기 놀이는 어떤 날엔 질 좋은 싱싱한 놈을 건지기도 하고, 또 어떤 날엔 징그러운 벌레들을 끊임없이 마주하기도 하며 그렇게 '복'과 '불복'을 반복했다.

먼지가 풀풀 날리는 벵갈루루의 거리에 서 있자니 예전에 할머니와 함께했던 과수원 놀이가 떠오른다. 마치 한편의 복불복 게임을 하듯 사과를 주워들었던 그때와 아무것도 모른 채로 인도 곳곳을 떠돌고 있는 지금이 별반 다를 게 없는 거 같아서. 재수 좋은 날엔 과즙이 쭉쭉 나오는 아삭아삭한 도시를 만나기도 하지만 운이 따르지 않을 땐 음식도 분위기도 영~ 아닌 이런 곳에 뚝 떨어지기도 하는 것처럼 알고 보니 여행도, 사과를 줍는 것도, 사실 뭐 크게 다르진 않은 거더라고.

아, 진짜 기대 많이 했는데.
놀 거리도 많고 맛있는 것도 많은 그런 재미난 곳일 거라 생각했건만
이게 뭐냐고.
거리엔 온통 차들뿐이고 잘 곳도 마땅치 않은 데다,
사람들은 아주 찬 바람이 쌩쌩 날릴 정도로 불친절하잖아.
벵갈루루!! 너 완전히 썩은 사과 같아. 제대로 '꽝'이라고!!

근데, 시간이 흐르고 나니 어릴 적에 내가 집어 올렸던 사과가 싱싱한
것이었든 벌레 먹은 썩은 사과였든 그건 크게 중요치가 않더라. 결국
기억에 남는 건 '사과 줍기' 그 자체다. 싱싱한 사과는 싱싱한 사과인
채로 신이 났고, 썩은 사과는 또 그냥 그거대로 즐거운 추억이 됐듯이
아마 지금의 벵갈루루에 대한 기억 역시 그러하지 않을까?

예전에 뭘 주웠든, 얼마나 실패했든 지금 그건 크게 상관이 없을 것이
다. 그냥 내가 과수원에서 사과를 주워 보았다는 것. 배낭을 메고 이
인도를 거닐어 보았다는 사실 그 자체가 가장 중요한 거다. 재수 없게
도 인도의 수많은 지역 중 굳이 마음에 안 드는 곳을 골라 조금 짜증
나긴 하지만 그래도, 그래도 너무 실망지는 말자. 결국 이것도 다 내
가 지금 인도에 있기 때문에 겪을 수 있는 감정이 아니겠나. 그러니 성
질 내는 건 이제 그쯤 해 두고 슬슬 이 '인도에 있음' 자체를 즐겨 보
자. 똥 밟았다고 너무 그렇게 인상만 쓰고 있기엔 이 흘러가는 시간이

너무너무 아깝잖아?

아마 내 생각엔 벵갈루루의 이 이미지 역시 금세 사라지지 않을까 싶다. 송충이 때문에 그리 혼비백산 넋이 나가 봤으면서도
"사과 주우러 다니던 그때 시절이 참 그리워"라 말하고 있는 걸 보면.

꽃이
피긴 하는
겁니까

내가
그곳에
있었을 때

아뿔싸, 한국말

우다이푸르에서 꽤나 알아준다는 햄버거 가게에 들렀다. 길거리에 테이블이나 의자 등을 놓아두고 거의 노점식으로 운영하는 곳이었는데 어느 순간 입소문을 타서 이 지역 명물이 되었다고 한다.

감자튀김과 햄버거를 주문해 놓고 같은 방 쓰는 동생이랑 이야기를 나누고 있는데, 어디선가 교복 입은 키 큰 여자애가 툴툴거리며 가게로 들어왔다. 오자마자 여사장님께 쫑알쫑알거리는 걸 보니 아마 딸인 듯했다. 얼핏 들으니 오렌지 주스 어쩌고 하며 한껏 칭얼거리는데, 사실 지금 문제는 주스 따위가 아니었다.

"와… 정말 예쁘다…"

"역시, 언니도 같은 생각 하고 있었구나. 난 무슨 연예인인 줄 알았어."

기껏해야 고등학생쯤으로밖에 안 보이는데 미모가 벌써 후덜덜하다.

키도 훤칠하게 큰 데다가 얼굴은 또 어쩌나 작은지 얼핏 봐도 8등신은 그냥 넘을 정도. 뭐 저렇게 다 갖고 태어났을까. 역시 세상은 불공평해. 쳇.

"인도 애들 미모 장난 아닌 건 알았는데, 저 정도로 예쁜 애는 처음이야."

"나도. 진짜 연예인 해도 되겠다."

"정말 세상 살맛 나겠어. 아~ 부럽다 부러워!"

한참을 입에 침이 마르게 칭찬을 해대고 있다가 별안간 여자아이와

눈이 마주쳤다. 씨익~ 미소를 지어 보이곤 무심하
게 핸드폰을 들여다보는 녀석. 그러곤 뭘 그렇게 재
밌는 걸 보는지 웃음을 참느라 양쪽 볼이 수시로 실
룩실룩거린다. 옆에서 동생이 '와, 웃으니까 더 예쁘
다' 하며 호들갑을 떨었고 나도 거기에 동의를 하느
라 고개를 끄덕이는데,
"푸하하하!!!"
갑자기 여자애가 우리를 보며 박장대소를 한다. 뭐
야 갑자기?

영문을 몰라 같이 쳐다봐 줬더니 한참을 웃던 아이
가 대뜸 그런다.
"언니! 나 한국말 조금 할 수 있어! 땡큐!"
헐! 요 깜짝한 녀석~!! 다 알아들으면서 시치미 떼
고 있었어.
"와~너 한국말 잘한다? 어디서 배웠어??"
"한국 친구들이 알려줬어. 말 잘 못 해. 근데 이해하
는 거 할 수 있어."

더듬더듬 하는 말이지만 제법이었다. 알음알음 배
운 것치곤 수준급이었달까. 나는 초중고등학교를 합
쳐 10년은 훌쩍 넘게 영어 공부를 했는데도 아직도
리스닝이 안 되는데. 어깨너머로 배웠다는 실력이

꽃이
피긴 하는
겁니까

내가
그곳에
있었을 때

아주 장난이 아니었다. 예쁜 데다가 머리까지 좋다니. 너 좀 대단한데?

그런데 놀라움과 동시에 살짝 아찔하기도 했다. 이렇게 생각지도 못한 곳에서 우리말을 알아듣는 사람이 나타날 줄이야. 우리가 좋은 소리만 했기에 망정이지 혹시라도 들었을 때 상처 되는 말을 했다면 어쩔 뻔했을까. 제대로 화도 못 내 보고 속으로만 끙끙 앓았거나 아니면 여차하면 큰 싸움이 날 수도 있었을 거다. 역시, 사람은 어딜 가나 말을 조심해야 하는 게야.

해외에 나오면 우리가 영어권 민족이 아니라서 참 다행이다 싶을 때가 종종 있다. 예로 들면 사람 많은 카페에서 직장 상사의 험담을 한다거나, 혹은 일행들과 음식 맛이라든가 숙소의 친절도에 대한 평을 솔직하게 공유할 때면 우리끼리만 통하는 한국어가 그렇게 편리할 수가 없다. 알아들을 사람이 없고 그로 인해 눈치를 보거나 조심해야 할 필요도 없는 그런 짜릿한 자유로움은 여행에 있어 적지 않은 재미를 선사하기도 한다.
하지만 가끔은 이 '말' 때문에 한국인이라는 게 부끄러워지는 순간도 있다. 예로 들면 너무 티 나게 쌍욕을 한다거나 혹은 면전에 대놓고 성희롱 수준의 발언들을 늘어놓을 때가 바로 그러하다. 어쩌다가 이런 한국인들을 만날 때면 괜히 같은 나라 사람인 걸 티 내고 싶지가 않아 못 알아들은 척 자리를 피하기도 한다.

이렇듯, 어딜 가나 말이란 건 항상 조심하고 신중해야 할 필요가 있는 것 같다. 영어를 쓰든 한국어를 쓰든 알아듣지 못한다고 해서 그 말이 담고 있는 뉘앙스까지 캐치하지 못하는 건 아니니까. 바보가 아닌 이상 안다. 지금 저 사람이 하는 말이 칭찬인지 아님 욕인지.

흔하게들 하는 말이지만, 여행할 때는 우리가 대한민국 국가 대표라는 마인드로 여행을 해 보는 것도 꽤 괜찮을 것 같다. 내 말투와 표정 하나하나가 모여 한국인에 대한 이미지를 만들어내고, 그렇게 쌓은 이미지가 결국 한국인 여행자 전체에게 돌아간다 생각하면 결코 함부로 뱉고 멋대로 씹어댈 수는 없을 테니까.

우리 어딜 가나 조금씩만 조심해 보도록 하자.
아무도 알아듣지 못할 거란 착각으로 함부로 입을 열었다간, 아주 큰 코다치는 수가 있다.

꽃이
피긴 하는
겁니까

내가
그곳에
있었을 때

부러워 죽겠습니다

"저기, 여기 좀 앉아도 되겠소?"

기차에 올라타 한창 짐을 정리하고 있는데 어떤 할아버지가 말을 걸었다.

"내가 부인이랑 자리가 따로 배정이 되어서 말이야. 여기 좀 같이 앉아 갈까 하는데."

"아, 네네, 앉으세요."

"고맙네."

할아버지는 내가 허락을 하자마자 주머니에서 손수건을 꺼내 앉을 자리의 먼지를 털었다. 부인으로 추정되는 할머니는 사리를 곱게 차려입고 마치 여왕이나 되는 양 '요기, 그리고 조기도' 하며 지시를 내렸다. 오, 세상에. 누가 보면 부부가 아니라 마님이랑 몸종인 줄 알 거다.

청소가 끝난 후, 할아버지는 할머니를 자리에 앉혀놓곤 이번엔 들고 탄 도시락과 과일들을 세팅했다. 조그만 보온병을 꺼내 수프도 조르륵 따랐고, 하나뿐인 일회용 포크도 할머니 앞에 가지런히 놓았다. 이때도 할머니는 그저 남편의 행동을 지켜만 보았다. 남편은 부인이 식사를 하는 중에도 주스를 따라 준다거나, 냅킨으로 입가를 닦아 준다거나 하는 행동을 서슴지 않았다. 와, 정말 왕비님이 따로 없다.

사실 처음에는 할머니가 좀 너무 아이 같은 게 아닌가 생각도 했었는

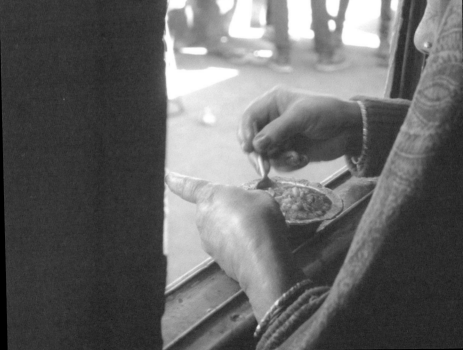

데. 그것도 한 몇 시간 보다 보니까 슬슬 부럽더라. 그리고 궁금했다. 어떻게 하면 저렇게 사랑받을 수 있는 걸까. 뭔 수를 쓰면 저렇게 남자를 자기한테 옴짝달싹 못 하게 만들 수 있는 거지? 거 참 신기할 노릇일세.

인도 남자들은 왠지 무뚝뚝하고 여자들에게 냉담할 거란 편견이 있었는데 뭐, 꼭 그런 것만은 아닌가 보다. 이렇게 다정하다 못해 닭살 가득한 부부도 있으니.

할아버지가 잠시 자리를 비운 틈을 타 할머니와 몇 마디 주고받았다.

"할아버지가 할머니를 많이 사랑하나 봐요. 부러워요~"

"그래 보여요? 호호. 고마워요."

"저도 그런 남편 만나고 싶어요. 나이 들어서도 예쁘다~예쁘다~ 해줄 사람."

"뭐, 나도 저리 오랫동안 저럴 줄은 몰랐지. 처녀 적에야 젊고 예쁘니 그냥 그러려니 했는데, 쭈그렁 할머니가 됐는데도 여전히 저럴 줄이야. 그래서 가끔은 남사스럽다니까?"

수줍게 웃는 할머니가 참으로 행복해 보인다.

평생을 사랑받고 산 사람의 얼굴엔 이런 미소가 그려지는구나.

할머니 짱 부러워요. 굿!

가끔 친구들끼리 서로의 이상형에 관해 이야기를 나누곤 한다. 갓 대학생이 된 스무 살 때야 '큰 키', '뽀얀 피부', '서글서글한 눈'과 같은, 뭔가 외모와 관련한 것들이 항목에 오르곤 했었는데, 그보다 나이가 더 들고 나니 다들 하나같이 하는 말이 '나한테 잘해주는 남자'가 이상형이란다.

사실 이건 나도 마찬가지다. 어릴 적에는 그냥 남들 보기에 자랑스러울 만한, 겉모습이 번드르르한 그런 이와 함께 다니는 게 좋았었는데, 서른 줄에 가까워지니 그냥 외모고 뭐고, 그저 나한테 잘해 주는 사람이 장땡이더라고. 내가 살이 쪄도, 얼굴에 여드름이 나도 그저 예쁘다, 귀엽다 해 줄 수 있는 사람. 그런 사람에게 눈길이 가고, 또 마음이 이끌리게 되더라.

대학생 때 발 수술을 한 적이 있다. 오른쪽 발이 걷지도 못할 정도로 상태가 심각해져 결국엔 급하게 뼈를 잘라내는 수술을 받아야만 했는데, 덕분에 두 달 동안 꼼짝없이 누워 있느라 살이 10kg 가까이 불어나 버렸다. (깁스를 풀고 체중계에 올라섰을 때 어찌나 충격을 받았던지)

그렇게 나는 퇴원과 동시에 다이어트에 돌입했다. 좀 더 확실하게 결심을 굳히기 위해 동기들에게 앞으론 절대 간식이나 야식을 먹지 않겠다고도 선언했다. 근데 내 말을 듣고 있던 한 동기 중 한 명이 그랬다.

"굳이 살 뺄 필요 있나? 지금도 괜찮은 거 같은데?"

빈말인 걸 알지만 그래도 내심 고마웠다. 결코 이대로 괜찮지 않단 건 스스로 제일 잘 알지만, 그래도 이런 못생겨진 내 모습조차 괜찮다고 해 주는 사람이 있어서. 이대로도 예쁘다고 해 줘서. 그래서 어딘가 모르게 위안이 되고, 또 가슴이 설레더라고.

나는 지금까지도 그때 그 동기가 한 말을 잊지 못하겠다. 얼굴이 얼마나 망가졌든, 살이 얼마나 쪘든 간에 그저 있는 그대로의 서현지를 '괜찮다' 말해 주던 사람. 턱선이 지방에 파묻혀 얼굴형 자체가 달려졌는데도 '살 좀 찌면 어때' 하며 대수롭잖게 넘겨 주던 그 마음.

참 고맙더라고. 그리고 살아가는 데 정말 큰 힘이 되더라.

존중받는 사람이 된 것 같아서.

그냥 서현지인 자체만으로 다 괜찮아진 것만 같아서.

그래서 그 후로도 어디서 뭘 하든 자신감이 생기고, 또 당당해지더라고.

간식이 먹고 싶단 할머니의 말에 또다시 부리나케 지갑을 쥐어 든 할아버지. 기차가 잠시 정차한 틈을 타 번개같이 뛰어 나가서 커리 한 접시를 사 오셨다. 부인이 혀라도 데일까 봐 숟가락으로 살살 저어 음식을 식혀 주는 그 모습을 보며 진심으로 할머니가 너무너무 부러웠다.

와, 어쩜 저럴 수가 있나.

어떻게 저 나이가 될 때까지 저렇게 헌신적일 수가 있느냐냔 말이지.

나도 저런 인생의 반쪽을 만나 코가 비틀어지도록 행복하게 한번 살아 보고 싶다.

앉을 자리를 깨끗하게 쓸어 주지 않아도 좋으니, 조물조물 다리 마사지를 해 주지 않아도 상관없으니, 그저 쪼글쪼글 늙은이가 될 때까지 한결같이 나를 사랑해 주고 있는 그대로의 나를 괜찮다고 말해 줄 그런 사람. 그런 이를 만나 평생을 살 수 있다면, 아마 인생의 절반쯤은 성공한 거라 말할 수 있지 않을까.

깨가 쏟아지다 못해 밖으로 철철 흘러넘치는 두 사람을 보며 생각한
다. 그래, 앞으로 남편감을 고를 땐 딱 저 할아버지 같은 사람을 선택
하자.
눈빛이 따스한 사람, 머리를 쓸어 넘겨 주는 손길이 부드러운 사람,
나를 향하는 그 모든 것들이 분홍빛으로 빛나고,
그냥 내 존재 자체만으로 즐겁다 말해 주는, 그런 사람으로.

아, 다정한 저 커플을 보고 있자니 괜히 더 외로워지는 것 같다.
앞으로 남은 시간을 어떻게 버틴다?
이대로 더 가다간 열차 전체가 닭장이 되어 버릴지도 몰라.
괜히 또 부러워지기 전에 일기장 덮고 낮잠이나 자야겠다. 쳇.

P.S. 할아버지, 이건 좀 다른 말인데, 실은 입고 있는 주황색 조끼가 쪼끔! 작
아 보였어요 ㅋㅋ. 미안해요. 입이 근질근질해서 참을 수가 있어야지. 두 분
모두 사랑해요 ♥

꽃이
피긴 하는
겁니까

내가
그곳에
있었을 때

날아라, 날아올라라

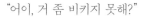

"어이, 거 좀 비키지 못해?"

길을 지나는데 비둘기 떼가 온 거리를 점령하곤 비켜 줄 생각을 않는다. 저리 좀 비켜 보라며 손을 가로 휘휘 내저었더니 겨우 두 발로 빨빨빨 피하는 게 여간 한심한 게 아니다. 야, 너흰 새로서의 자존심도 없냐? 그게 뭐냐 모양 빠지게. 쯧쯧.

옆으로 자리를 비킨 비둘기들은 또 저들끼리 모여 사람들이 뿌려 놓고 간 곡식들을 쪽쪽 쪼아댔다. 나 따위야 지나가든 말든, 저들에게 뭐라고 욕을 하든 말든 간에.

근데 곰곰이 생각해 보니, 이 비둘기들은 날아야 할 이유가 전혀 없더라.

관광객들이 양껏 사료를 던져 줄 테니 식량 구하러 나갈 일도 없을 거고, 도심 한복판에서 저들의 천적이 갑작스레 나타날 확률도 희박하니 귀찮게 날개를 펼치는 수고를 할 이유도 없는 거다. 아마 죽을 때까지 두 발로 쫑쫑 걸어 다니기만 해도 충분히 잘 먹고 잘 살아갈 테지. 저가 본디, 하늘을 훨훨 나는 새였다는 사실마저 차츰차츰 잊어가면서.

먹을 것이 풍족해진 비둘기는 점점 살이 오른다. 비대해진 몸뚱아리에 얇은 두 다리가 휘청인다. 걸을 때마다 온몸이 위태롭다. 어느 날 무게를 이기지 못한 다리가 '뚝' 하고 부러진다. 깜짝 놀라 버둥대다 바닥에 머리를 처박는다. 부러진

꽃이
피긴 하는
겁니까

내가
그곳에
있었을 때

다리에 피가 흐르지만 일어설 수가 없다. 그때, 저 멀리서 독수리가 날아온다. 피해야 한다, 도망가야 한다. 뒤늦게야 근육이 굳은 날개를 펼쳐 본다. 움직일 수가 없다. 날아갈 수도 없다. 독수리의 뾰족한 주둥이가 가까워져 온다.

제발, 제발,

딱딱하게 굳은 날개를 퍼덕여 보지만 소용이 없다.

움직이는 법을 잊었다. 날아가는 법을 잊었다.

그렇게 독수리의 날카로운 발톱이, 비둘기의 심장을 꿰뚫는다.

사회생활을 시작하고 신입 사원이라는 신분을 얻었던 날, 나는 그간 벼르고 벼렸던 자격증을 따기 위해 큰 맘 먹고 수강료를 결제했다. 이젠 더 이상 차비 한 푼 아까워하던 대학생도, 간식 시간마저 줄여가며 도서관에 짱박혀 있던 취준생도 아니니, 내 돈, 내 시간, 이제는 전부 내 멋대로 한번 써 보겠다, 그리 굳게 다짐했었다.

그런데 회사에 다니면서 무언가를 배운다는 건 생각보다 쉬운 일이 아니더라. 마음 같아선 여섯 시 땡 마치자마자 퇴근한 뒤 저녁을 먹고, 운동도 좀 하고, 자기 전에 책도 한 권쯤 읽고 잘 수 있을 줄 알았건만. 알고 보니 이게 다 '신입이니까' 할 수 있었던 배부른 소리더라고. 현실은 여섯 시 퇴근은 고사하고 저녁이나 제대로 챙겨 먹으면 다행에, 밤 10시에 별을 보며 귀가하면서도 "아~! 그래도 오늘은 열두 시 전에 퇴근했다!!" 하며 감사해야 할 수준이었으니까.

그래서 나는 꼴랑 자격증 두 개 따고선 보기 좋게 나가떨어졌다. 입사 초반에 세워 둔 모든 플랜은 전면 스톱 됐고, 그렇게 꽃꽂이하기, 중국

어 배우기, 자막 없이 미드 보기 등의 수많은 계획들은 아주 오랫동안 그저 '계획'인 채로 다이어리 한구석에서 먼지를 쌓아갔다.

허나 취미 생활이나 자기 계발 따위 하지 않아도 이 세상은 충분히 재미있었다. 오히려 골머리 썩어 가며 자격증 공부를 하는 것보다 맛있는 스파게티를 사 먹으며 돈 쓰는 재미를 느끼는 게 훨씬 살아가는 힘이 됐고, 알아듣기 힘든 영어에 귀 기울이며 머리를 쥐어짜는 것보다 동료들과 삼삼오오 몰려다니며 옷이며 화장품 등을 쇼핑하는 게 몇천 배는 더 행복했다.

그러니 사서 고생할 이유가 전혀 없었다. 공부 같은 거 안 해도, 노력 따위 하지 않아도 그냥저냥 충분히 살아갈 만했으니까. 그래서 나는 매달 꼬박꼬박 들어오는 월급에 그저 만족하며 패나 오랜 시간을 편안하고 재미있게, 그렇게만 살았다. 서현지라는 인간이 얼마나 심장이 끓어오르던 사람이었는지, 가슴 속에 어떤 꿈을 꾸며 살아왔었는지 따위는 까맣게 잊은 채로.

그렇게 늘어질 대로 늘어져 살던 어느 날, 예전에 같이 취업 준비를 했던 친구 하나를 우연히 만났다. 서로 새벽까지 허벅지 찔러 줘 가며 공부했던 사이라 몇 년 만에 만난 그 얼굴이 참 반가웠었다. 그간 어찌 살았는지, 남자 친구는 있는지 등을 묻고 답해 가며 시간을 보내는데, 그녀가 갑자기 이런 말을 했다.

"현지야, 나 곧 어학연수 가. 영어 공부 좀 더 해 보려고."

꽃이
피긴 하는
겁니까

내가
그곳에
있었을 때

영문과를 졸업한 뒤 본인 전공을 살려 취업에 성공했지만 일을 하면 할수록 한계에 부딪히더란다. 이 정도면 될 줄 알았는데, 이만큼 공부했으면 충분할 거라 생각했건만 막상 일을 해 보니 그게 아니었다고 했다.

"월급 받으며 사니 좋긴 한데, 사실 돈이 다는 아니잖아. 스스로 부족하다 싶으니까 살아도 사는 게 아니더라고."

머리가 멍해졌다. 입이 바짝 말라 냉수를 벌컥벌컥 들이켰다. 부끄러웠다. 할 수만 있다면 당장 하늘로 날아가든 땅으로 꺼지든 어떻게든 해서 그 자리를 벗어나고 싶었다. 그녀는 여전히 당당하고 멋있는데, 나는 굳을 때로 굳어 버린 것 같아서. 그 옛날, 함께 꿈을 키우며 밤을 지새웠던 너와 내가, 지금은 너무나 다른 생각을 하며 살고 있는 것만 같아서. 반짝반짝 빛나는 그녀 앞에, 나란 존재는 아주 작고, 초라하고, 또 볼품없기 짝이 없었다.

즐거움을 찾는 법을 잊었다. 내가 무엇에 열광하고, 어떤 것에 기쁨의 눈물을 흘렸었는지도 기억하지 못한 채, 그렇게 나는 살아가는 법 자체를 잊고 살았다.

주어지는 모이를 편안하게 쪼아 먹으며, 날개 따윈 펴 볼 생각도 않은 채, 그렇게 안락하게 무려 2년 동안이나 땅바닥에 찰싹 붙어서 말이지.

이젠 그만할 때가 된 것 같다. 찌들대로 찌든 나태함 따위 북북 박박 씻어 버리고, 다시 원래 내가 살던 방식대로 살아볼 때가 왔다.

또다시 무언가를 힘들게 배우고, 새로운 것을 고달프게 익혀 나가 보자. 머리털을 쥐어짜 내며 뭔가에 미친 듯이 몰입도 해 보고, 마침내 이룩하는 성공 앞에 기쁨의 환호성도 지르면서. 그렇게 다시 한 번 어렵고 빡세게, 그렇게 굳은 날개에 죽도록 시동을 한번 걸어 보자.

다시는 바닥을 기어 다니며 뒤룩뒤룩 살만 찌우진 않을 테다.

조금은 고단할지라도, 뻐근한 날개를 주물주물 주물러가며,

그렇게 나답게, 원래의 서현지답게, 그렇게 훨훨 하늘을 날아 보련다.

내가 아주 잠시 잊고 있었는데,

사실 나는, 말도 못하게 멋지고, 입이 쩍 벌어질 만큼 화려한,

한 마리의 비둘기였다.

세월을 덧입히기 전

나이 들수록 되게 점잖 빼면서 여행을 하고 있는 것 같다.
고상해졌다는 게 아니라 그만큼 체면을 차리고 있다는 얘기다.

바닥에 아무렇게나 드러눕고,
땅 밟고 오히려 신 나하고,
되지도 않는 춤 추면서 한껏 즐거워하던,
그때의 그 모습은 다 어디로 갔을까.

예전엔 하도 사진을 막 찍어 놔서
건질 만한 게 단 하나도 없다 생각했는데,
지금 찬찬히 훑어보니

오히려 이때가 더 나답고,
인도 같고,
또 청춘스럽다.

꽃이
피긴 하는
겁니까

내가
그곳에
있었을 때

#2

때로는 빗방울도 맞겠지만

내 발, 참 못생겼습니다

'와, 진짜 못생겼다.'

내 발을 볼 때마다 탄식이 터져 나온다. 못생겨도 어떻게 이렇게까지 못생길 수 있을까. 발가락이 길 거면 일관되게 전부 다 길든가, 모양이 못 생길 거면 크지라도 말든가, 하다못해 모양도 안 예쁘고 크기도 넙 데데할 거면 튼튼하기라도 해야 하는데 이건 뭐 신발만 신었다 하면 물집에, 고름에.

어릴 적부터 발에 대한 콤플렉스가 상당했다.

내 발은 양쪽 다 심각한 선천성 무지외반증으로, 수술을 하지 않고는 정상적으로 힐을 신을 수도 오래 걷는 것도 불가능하다 했다. 그래서 어렸을 때부터 아무리 더운 여름이라도 절대 샌들을 신지 않았고, 신 발을 벗고 들어가야 하는 음식점은 최대한 피해 왔다. 다들 내 발을 보며 손가락질하고 비웃을 것만 같아서.

하지만 아무리 평생을 그리 살아왔다 해도 인도에서까지 양말을 신 을 수는 없는 노릇이다. 가만히만 있어도 등에 땀이 줄줄 흘러내리는 남인도에서 발가락이 다 막힌 운동화를 신는다는 건 정말 자학에 가 까운 일이었으니까. 그래서 어느 순간부터 양말을 벗어 던지고 슬리퍼 를 신기 시작했다. 남이야 뭐라고 하든 말든 일단은 나부터 살고 봐야

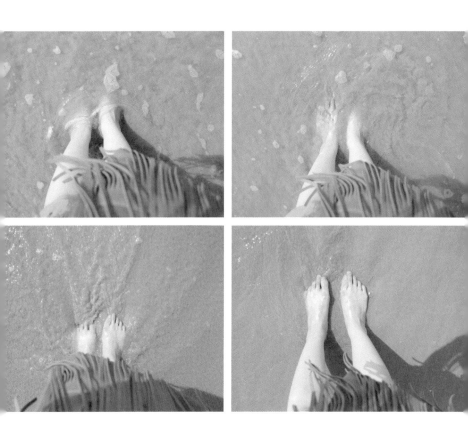

때로는
빗방울도
맞겠지만

내가
그곳에
있었을 때

했다. (역시 여행 중엔 생존 본능이 이성을 앞지른다.)

그런데 진짜 신기한 일이 벌어졌다.

한번 큰 맘 먹고 발을 내놓기 시작하니 그다음부터는 거짓말처럼 아~무것도 신경이 쓰이지 않는 거다. 평생을 발에 콤플렉스를 갖고 살아온 나에게 이건 거의 혁명과도 같은 수준이었다. 생각보다 사람들은 내 발에 관심이 없었고, 걱정했던 것만큼 내 발을 흉하게 보지도 않았다.

결국, 그동안 난 남들은 아무렇지도 않게 생각하는 것들을 혼자 '콤플렉스'라 명명하며 스스로를 옭아매 왔던 거다.

아무렇지도 않은 거였다.

나를 조금만 더 사랑했다면 애초에 생겨나지도 않았을 못난이 콤플렉스.

그걸 무려 30년 평생을 갖고 살았던 거지.

그런데 지금 봐봐.

발가락이 뻥 뚫린 슬리퍼를 신고 땅을 디디니까 어때?

발바닥도 편하고 공기도 잘 통하니까 참 좋지?

거 봐봐. 결국 그거 아무것도 아닌 거잖아.

그동안 이 좋은 것도 못하고 답답하게 어떻게 살았데.

누구나 감추고 싶은 약점 하나쯤은 있기 마련이다. 그게 나처럼 신체의 어떤 부분이 됐건, 과거의 무슨 사건이 됐건, 아니면 내면에서 일어나는 감정이 됐건 간에 차마 입 밖으로 꺼내지 못할 사연 하나 정도는 반드시 존재한다. 하지만 어느 날 갑자기 그 약점이 아무것도 아니게 될 때, 평생을 갇혀 살았던 그 보이지 않는 벽을 깨부수는 순간, '아, 그거 참 별거 아니었네.' 하며 지나간 세월이 무색하게 그저 허탈하게 웃곤 한다.
'와, 나 그동안 왜 그렇게 바보같이 살았지?' 하면서.

조금은 용기를 가져도 될 것 같다.
기를 쓰고 감추려던 콤플렉스가, 어쩌면 하등 불필요한 셀프 디스는 아니었는지 한 번쯤 진지하게 고민도 해 보면서.
이젠 앞이 뻥 뚫린 예쁜 샌들도 사보고,
발등이 드러나는 귀여운 조리도 신으면서 마음껏 꾸미고 살아야지.

못생겼다고 늘 꽁꽁 숨기고 감추려고만 했던 내 발에게
그간 참 미안했다고 말해 주고 싶다.

때로는
빗방울도
맞겠지만

내가
그곳에
있었을 때

나에게 배려란

두루마리 휴지를 마음껏 쓸 수 있는 한국에서와 달리 인도 여행 중엔 휴지를 참 귀히 여기게 된다. 내가 인도를 처음 여행했던 23살 때는 휴지 자체가 귀해서 휴지 파는 곳을 한번 발견하면 2개씩 쟁여 놓아야 할 정도였는데, 지금은 그 정도까지는 아니지만, 이 나라 물가를 생각했을 때 결코 저렴한 편은 아니라서 덮어놓고 막 쓰다간 밥 한 끼 값도 우습게 나가는 경우가 허다하다. (두루마리 휴지 한 개의 가격은 60루피1,000원. 북인도 하루 치 방값이 300루피인 걸 생각해 보면 절대 무시할 가격이 아니다.)

사실 나는 그다지 물건을 아끼는 편은 아니었다. 말이 나와서 하는 말이지만 한국에서도 일주일에 두루마리 휴지 2개쯤은 우습게 썼다. 이건 내가 휴지 값 정도는 껌값으로 여기는 돈 많은 자취생이란 뜻이 아니라, 그냥 어릴 적부터 들인 일종의 '잘못된 습관' 중 하나인 거다. 그래서 예전부터 엄마한테 귀에 피 나도록 잔소리도 들었고 나름 고치려 노력도 했으나 번번이 실패. 휴지는 딱 3칸씩만 쓰는 거라 말하던 담임 선생님의 가르침이 참 신기할 뿐이었다.

그런데 이게 참 신기하게도 여행을 시작하고 나니까 근검절약이 저절로 실천이 되더라. 여행자 신분이라 먹고 마시고 자는 것 하나까지도 일일이 신경 써야 하느라 그런 것도 있겠으나, 사실은 인도에서 만난

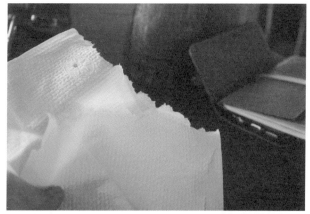

때로는
빗방울도
맞겠지만

139 page

내가
그곳에
있었을 때

사람들이 나를 변화시켰다고 하는 게 좀 더 정확하겠다.

남인도에 있을 때 심각한 비염을 앓은 적이 있다. 원래 기관지가 약한 편이긴 하지만 이런 불볕더위에 콧물을 흘려 본 경험은 잘 없었던 터라 심히 짜증이 났다. 아침엔 그나마 나은데 해가 중천에 뜰 12시가 되면 이랑 겨드랑이에선 땀이, 코에선 물 같은 콧물이 줄줄 샜다. 그래서 식당 같은 데를 들어가면 우선 허겁지겁 콧물과 땀을 수습하기 바빴다.

"저기요! 여기 냅킨 좀 더 주세요!"
냅킨을 리필해 코를 풀고 있자니 옆에서 종업원이 가만히 서서 쳐다본다. 아차, 내가 너무 요란했나 싶어 주변을 둘러봤는데 이 가게에 손님은 달랑 나 하나뿐. 뭐지? 왜 안 가고 서 있지?
"무슨 문제 있어요?"
"아니, 뭐 문제라기보단…"
종업원은 뭔가 머뭇거리더니 굉장히 곤란한 표정을 지었다. 시끄러워서 그런 게 아니라면 아무리 생각해도 별다른 이유랄 게 없어 보였다.
"다른 게 아니라, 미안하지만 휴지를 좀 아껴 써 주겠어? 사실 식당용 냅킨은 좀 비싸서 말이야."

아, 순간 얼굴이 벌겋게 달아올랐다. 사실 얼마 전까지만 해도 슈퍼에서 휴지를 사며 '요 쪼끄만 게 60루피나 하고 난리야!'라고 투덜댔던 게 생각났기 때문에. 나 역시 비싸다고 구시렁거려 놓곤 막상 내 것이

아니라고 너무 막 써대고 있었던 거다.

"미안해요!! 이제 아껴 쓸게요!!"

남의 입장에서 먼저 생각하고 배려한다는 건 생각보다 어려운 일인 것 같다. 당장 내 것, 내 가족의 일이라면 한 푼이라도 아끼고 조금이라도 더 챙기게 되지만 그게 남의 일이 되고 나면 언제 그랬냐는 듯이 단박에 돌변한다.

생각해 보면 여행지에서 그런 성향이 좀 더 잘 드러나는 것 같기도 하다. 어차피 한번 보고 말 사람들, 내가 여기 와서까지 눈치 봐야겠느냐는 심리가 발동하고 나면 걷잡을 수가 없어진다. 그래서 다 먹지 못할 걸 뻔히 알면서도 뷔페에서 음식을 몇 접시씩 가득 퍼 담아 오고,

때로는
빗방울도
맞겠지만

141 page

내가
그곳에
있었을 때

공짜라는 이유로 평소에 잘 쓸 것 같지도 않은 물건을 무조건 더 더더 내놓으라고 큰소리치는 거겠지. 사실 나도 할 말이 없다. 분명 가방 안에 비상용 휴지가 있었음에도 불구하고 '냅킨쯤이야 좀 달라고 해도 되겠지' 하는 공짜 근성이 튀어나오고야 말았으니까.

예전에 친구가 했던 말이 생각난다. 배려라는 건 상대방이 좋아하는 걸 해 주는 게 아니라 싫어하는 행동을 하지 않는 것이라고. 그래서 연인 관계에서도 장미꽃이나 케이크를 사다 안기는 것보다, '밥 먹다 트림하지 않기'라던가 '화난다고 핸드폰 꺼 버리지 않기'를 지켜줬을 때 훨씬 더 고마움을 느끼게 되는 거라고 했다. (그리고 이 말을 하면서 양말 신은 채로 침대에 발 올리지 말아 달라고 부탁을 했었지.)

생각해 보면 구구절절 다 맞는 말이다. 남을 배려해야 한다는 건 이미 어릴 적부터 귀에 딱지가 앉도록 들어온 말이니까. 다만 그걸 행동으로 보여주는 게 죽도록 어려울 뿐이지.

그 후론 좀 변해 보려 의식적으로 노력했다. 가장 먼저 실천한 건 바로 냅킨 반으로 찢어 쓰기. 좀 궁상맞아 보일 수도 있지만, 코 한 번 팽 풀고 버려 버리기엔 나머지 여백이 너무 아까우니까. 그리고 확실히 이렇게 하니까 쓰레기도 훨씬 더 적게 나오더라고. (가끔 콧물이 냅킨 밖으로 튀어나오는 불상사가 생기기도 하지만 그것도 하다 보면 다 티 안 나게 처리하는 스킬이 생긴다. 역시 사람은 적응의 동물이다.)

한번 망신을 당해 보니 알겠더라.
배려라는 게 사실 큰 걸 바라는 게 아니라는 걸.
반씩 찢어 쓰는 냅킨 한 장이,
무료로 가져갈 수 있게 놓아둔 1회용 딸기잼을 눈앞에 두고도
굳이 불필요하게 한 움큼씩 집어가지 않는 그 작은 마음이,
그래서 돌아오는 상대방의 미소가
우리의 여행길을 더욱 즐겁게 하는 것이 아닐까.

내가 인도에서 배운 배려란,
바로 이런 것이다.

때로는
빗방울도
맞겠지만

143 page

내가
그곳에
있었을 때

돌아와라, 서현지

매일 저녁, 잠들 때마다 조금씩 일기를 끄적였더니, 어느새 일기장이 딱 한 장밖에 안 남았다. 뭔가 기록을 남기면 남길수록 여행 작가다운 느낌이 나는 것 같아 매일매일 신 나게 써 갈겼더니 드디어 노트 한 권을 다 써 버린 거다. 남은 마지막 장을 처다보고 있는데 어찌나 기분이 우쭐하던지.

자, 그렇담 시간도 보낼 겸, 그간 써 온 일기나 쭉~ 한번 훑어보실까? 그렇게 나는 침대 머리맡에 기대어 내 일기장을 찬찬히 읽어 내려가기 시작했다. 그간 잊고 있었던 재미난 사건 사고들이 이 안에 가득가득 쌓여 있을 것이라는 만반의 기대를 하면서.

그런데 웬걸? 생각보다 그 안에는 내가 기대했던 것들이 들어 있지 않았다.
분명히 내가 먹고, 보고, 느꼈던 것들이 구구절절 나열되어 있기는 한데, 뭔가 묘하게 느낌이 달랐달까.
'내가 그 남자의 행동을 이리도 심오하게 받아들였던가?'
'그 라시가 이 정도로 감명받을 정돈 아니었는데 왜 이리 오바를 해 놨지?'
아무리 생각해도 뭔가 그 안에 적힌 감정들이 다들 '너무'한 거다.
왜 이렇지? 분명히 내가 쓴 글인데 왜 이렇게 어색하지?
이게 정말 내가 쓴 일기가 맞나?

한 장 한 장 읽으며 곰곰이 생각을 해 보다가

때로는
빗방울도
맞겠지만

145 page

내가
그곳에
있었을 때

나는 아주 한참 만에야 그 이유를 알아차렸다.

그래, 내가 너무 '척' 했구나.
멋진 척, 고상한 척하느라 진짜 하고 싶은 말을 못 한 거다. 여기저기 눈치 보고, 단어를 고르고 골라 얌전한 척 적어 놓은 이 일기들. 어울리지도 않고 나답지도 않은 이 과장된 글들을 보고 있자니 당연히 어색할 수밖에 없었던 거다.
아, 그걸 깨닫고 나니 갑자기 내 하루의 기록들이 허무해진다.
난 도대체 지금까지 뭘 쓰고 있었단 말인가.

어느 책에서 읽었는데, 아무에게도 보여줄 생각은 없지만 누군가가 볼 수도 있다는 생각으로 작성되는 게 바로 '일기'라고 했다. 나 역시 이 일기가 한 권의 책이 되어 세상에 나갈지도 모른다는 생각을 하니 전에 없이 한 자 한 자 쓰는 게 힘이 들어갔나 보다. 각종 잡생각을 꾸밈없이 적어 내려가던 내 손이, 이제는 웬만한 어떤 것이 떠올라도 '아냐, 이건 너무 에세이스럽지 못해.'라거나 '이런 내용으로 책을 냈다간 인도인들한테 몰매를 맞게 될 거야.'와 같은 이유들이 붙어 애써 써 놓은 걸 지우고 또 지우고, 고치고 또 고쳐 가며. 그렇게 점점 내 '진짜 감정'들과 멀어지게 된 거지.
조금 더 멋있는 글, 조금 더 양념이 들어간 에피소드로 글을 구성하느라 온종일 골머리만 썩은 채, 결국에는 그렇게 남 눈치만 실컷 보다 이 한 권의 일기장을 '거대한 가식 덩어리'로 만들어 버리고야 만 것이다.

때로는
빗방울도
맞겠지만

내가
그곳에
있었을 때

뭔가, 이건 아닌 것 같다.

내 일기가 온통 불필요한 액세서리들을 덕지덕지 붙이고 있는데.

진짜 내 모습들은 다 어디로 가고 고상하게 다리를 꼬고 앉아

도도한 척하는 서현지만 이 안에 들어앉아 있는데.

어떻게 이대로 두고만 볼 수 있겠어.

이대로는 안 될 것 같아. 뭔가 제대로 바뀌어야만 하겠어.

내가 열심히 갈고 닦아 써 놓은 글인데, 정작 이 안에 가장 중요한 서현지가 없잖아.

내 일기인데. 내 여행이고, 나의 하루하루인데.

도대체 넌 어디에 있는 거니?

그래, 원래의 나로 돌아가자.

아무리 쓸모없는 생각일지라도. 고급스럽고 고상하지 못한 속내일지라도 나는 그냥 '나'인 상태로 고스란히 남겨 두자.

멋지지 않아도 좋다. 있어 보이지 않아도 좋아. 지금 나에게 가장 중요한 건 지금까지와 같이 있는 그대로의 내 생각을 남기는 것, 그래서 나중에 꺼내 봤을 때 기억을 길어 올리며 피식피식 웃을 수 있는 것. 바로 그거니까.

그러니까, 돌아가자 서현지.

멋지지도 않고 고상하지 않아도

발칙하고, 또 때로는 엉뚱했던, 원래의 내 모습 그대로.

때로는
빗방울도
맞겠지만

내가
그곳에
있었을 때

버킷리스트 클리어

뉴잘패구리에서 다르질링으로 올라가는 길. 11명이 좁은 지프에 억지로 끼겨 앉은 덕분에 한번 돌부리에 걸려 덜컹할 때마다 여기저기서 곡소리가 터져 나왔다. 델리에서 비행기를 타고 바그도그라 공항까지 3시간, 거기서 뉴잘패구리까지 차로 1시간, 그리고 지금부터 또 4시간 30분을 차를 타고 올라가야 비로소 다르질링에 도착한다. 대기 시간까지 합쳐 이동하는 데만 꼬박 한나절을 투자해야 하다 보니 제대로 씻지도, 먹지도 못한 몸뚱어리가 피곤해 죽겠다고 아우성이다. (나는 그나마도 비행기를 타서 이 정도였지 어떤 사람은 인터넷 카페에 '기차 타고 갔더니 50시간이 넘게 걸렸어요! 진심 죽는 줄'이라고 후기를 남겼더라. 와… 50시간이라니. 심히 존경스럽다.)
여정이 이렇다 보니 선뜻 다르질링에 가겠다는 사람이 없었다. 멀기도 멀고 우선 다르질링은 지대가 높아 날씨가 추우므로 두꺼운 옷이 마땅찮아서라도 다들 일정에서 다르질링을 제외했다.

근데 만만찮은 교통비와 살인적인 추위를 끌어안고서라도 나는 다르질링에 꼭 가야만 하는 이유가 있었다. 그건 바로 '다르질링에서 다르질링 티 마시기'를 해야 했기 때문.
사실 차 맛은 쥐뿔도 모르지만, 꼭 한번은 다르질링 고 안개 낀 차 밭에 앉아 홀짝홀짝 홍차를 마셔 보고 싶었다. 유럽 황실을 연상케 하

는 멋진 레스토랑도 없을 거고 클래식이 흘러나오는 그럴싸한 분위기도 당연히 기대하기 어렵단 걸 알지만, 그냥, 그냥 나는 그랬다. 그래서 무려 일주일 치 생활비를 비행기 표에 쏟아 붓고, 장장 4시간 30분의 멀미를 참아낸 대가로, 나는 드디어! 밤 11시에 꿈의 도시 다르질링에 도착할 수 있었다.

드디어 다음 날 아침. 나는 춥다는 핑계로 샤워랑 머리 감기를 건너뛰고

때로는
빗방울도
맞겠지만

151 page

내가
그곳에
있었을 때

눈곱만 대충 떼어낸 채 찻집 문을 열었다. (실은 찻집이라기보다 일반 가정집을 개조한 조그마한 가게다. 시설이라곤 2평 남짓 되는 주방과 소파 하나가 전부지만, 사람들 말에 의하면 이런 데가 또 의외로 제대로라고.) 먼저 온 손님들이 반갑게 맞아 줬다. 프랑스인 아주머니 한 분과 독일에서 온 커플. 다들 언어가 통하지 않아 영어로 대화하느라 수고들이 많다.

"난 이 티 한 잔 때문에 고아에서 다르질링까지 왔어. 너무너무 궁금하지 뭐야."

"어 저두요!! 저도 이거 때문에 델리에서 비행기 타고 왔어요!"

"아유~ 말도 마요! 우린 인도 자체를 다르질링 티 때문에 왔다니까요? 다음 여름에 오자는 거 이 인간이 기어코 우기는 바람에."

나만 쓸데없는 거에 목숨 거는 줄 알았는데 나이와 국적을 불문하고 다들 생각하는 게 거기서 거기였다. 심지어 독일 커플은 다르질링에 오느라 회사까지 관뒀다고. (이쯤 되니 우리가 대단한 건지 다르질링 티가 대단한 건지 잘 모르겠더라.) 시간이 남아도는 네 명의 백수들은 더듬더듬 영어를 짜 맞춰 가며 열심히 떠들었다. 말이 제대로 통하지 않아도 웃고 떠드는 데는 전~혀 지장이 없었다.

"자 여러분! 드디어 다르질링 티가 나왔습니다~! 짜잔!!"

오오. 드디어!!

영롱한 빛을 띠는 차 한 잔이 기어코 내 손에 들어왔다. 찰랑거리는 고 빛이 말 그대로 감동이다. 이 얼마나 오랫동안 기다려온 순간인가! 떨리는 마음으로 한 모금 호로록 들이켰다.

때로는
빗방울도
맞겠지만

153 page

내가
그곳에
있었을 때

음… 뭔가 달짝지근한 것 같기도 하고, 좀 많이 떫은 것 같기도 한 맛. 다르질링 티가 원래 이런 건가?

"오~! 이거 정말 맛있네요!"
옆에서 프랑스 아줌마가 입을 떼자마자 리액션 할 타이밍을 노리고 있던 나머지가 일제히 '맞아, 맞아' 맞장구를 쳤다. 뭐가 '맛있는 맛'인지 모르는 나는 그냥 분위기에 묻어가려 기계적으로 고개를 끄덕였다. 솔직히 말하자면 내가 고른 티는 내 입에 너무 썼다. 보기엔 참 달콤해 보이는데 뜻밖에 떫은맛이 심했달까. 근데 다들 맛있다는데 혼자 티 낼 수는 없어 그냥 묵묵히 남은 티를 홀짝였다. '으~ 써! 나가자마자 물 마셔야겠다.' 생각하면서.

근데 웃긴 게, 주인아줌마가 잠시 자리를 비우자마자 다들 약속이나 한 듯 잔을 우르르 내려놓는 거다. 그러더니 한다는 말.
"오! 나 이거 너무 써."
"나도! 설탕 넣어 마시고 싶어."
"우유 좀 달라고 해 볼까? 욕하려나?"
팀워크 쩐다 진짜. 어쩜 좋니.
나 당신들 너무너무 사랑스러워 죽겠어.

결국, 나의 첫 다르질링 티 도전은 그렇게 쓰디쓰게 끝났다. 기대했던 향긋한 맛은 아니었지만 어쨌거나 오랫동안 꿈꿔 왔던 '다르질링에서 다르질링 티 마시기' 항목에 자신만만하게 'clear' 체크 표시를 했다.

차는 떫었지만, 분위기는 스윗했고, 입은 텁텁했지만, 카페 안의 사람들은 더할 나위 없이 귀여웠다.

숙소에 돌아와 와이파이를 켜자 동행들이 보내놓은 카톡이 쏟아졌다.
- 언니, 다르질링 가 볼 만해요? 난 지금 함피인데 더워 죽겠음 ㅠㅠ
- 버킷리스트는 완성했는감? 다르질링 후기 얼른얼른 풀어 봐봐
- 나 티 하나만 사다 줘. 한국 가서 두 배로 값을 게!!

무심코 카톡 창에 '다르질링 티 생각보다 너무 쓰더라'라고 썼다가 보내기 직전 생각을 고쳐먹었다.
- 진짜 짱 좋음 ♥ 너네들 다르질링 꼭 와! 두 번 와!

주어를 쓰지 않은 건 의도적이었다. 아마 그들은 모르겠지. 내가 좋다고 한 게 다르질링 티인지, 오늘 만난 사랑스러운 그들인지, 아니면 종일 입가에 미소를 머금게 했던 다르질링만의 북적북적한 분위기였는지를.

P.S. 다른 찻집에서 여러 번 시도해 본 결과, 다르질링 티는 찻잎을 어떤 단계로 고르느냐에 따라 맛이 천차만별이더라고요. 잘 고르면 아주 달콤한 맛이 나는 차를 마시게 될 수도 있으니 혹, 이 글을 보고 다르질링 티에 대한 안 좋은 인식을 갖지는 않길 바랍니다. ^^

때로는
빗방울도
맞겠지만

155 page

내가
그곳에
있었을 때

배낭 속 애물단지

불볕더위가 연일 이어지는 남인도 고아. 누가 '고아 얼마나 더워요?' 하고 물어본다면 거짓말 하나도 안 보태고 '드라이기를 입에 물고 있는 것처럼 덥다'고 말해 줄 테다. 북인도에 있을 때는 아무리 더워도 콜라 한 잔 쭉~들이키면 어느 정도 열기가 가시곤 했는데 남인도에선 기껏 비싼 돈 들여 얼음물을 사 마셔 봐도 10분이면 다시 이마에 땀이 주르륵 흐를 정도.

상황이 이쯤 되니 북인도에서 내내 껴입고 있던 긴 소매 옷들이 순식간에 애물단지가 됐다. 유용하게 쓰던 얇은 패딩도, 애지중지 아끼던 바람막이도 여기선 아무 소용이 없는 거니까. 하지만 이 중에서도 가장 최고로 귀찮은 존재는 바로,

"이놈의 후드티!! 확 그냥 버려 버릴까 보다!!"

기모가 짱짱하게 달린 후드티였다.

이 날씨에 이걸 입고 다니기엔 거의 자살 행위에 가까웠고, 그렇다고 막상 쓰레기통에 처넣자니 다시 북으로 올라갔을 때 아쉬워질 게 뻔해 맘 편히 버릴 수도 없었다. 그렇게 내 검은색 후드티는 남인도를 여행하는 내내 배낭 한구석에 쿡 처박혀 조금씩 조금씩 폴폴 쉰내를 풍겨대기 시작했다.

대학교 1학년 시절. 당시에 잠시 만났던 남자 친구가 있었다. 꽤 괜찮

때로는
빗방울도
맞겠지만

내가
그곳에
있었을 때

은 외모에 자상한 성격, 거기다 노래까지 잘해서 내심 '내가 이런 남자의 여자 친구라니' 싶은 마음이 들어 주변에 자랑스레 소개하기도 했었다. 허나, 그저 즐거운 로맨스 코미디라 여겼던 내 연애가 짠내 나는 다큐멘터리로 변하는 데는 그리 오랜 시간이 걸리지 않았다. 무슨 연애 한 번 하는데 싸울 일이 그렇게도 많으며 어린애들의 사랑 싸움에 왜 그의 부모님까지 개입해 훈수를 두시는 건지. 누군 없는 돈 쪼개가며 제게 선물을 안기고, 또 누군 1,000원 마트에서 산 싸구려 인형 하나를 기념일 선물이랍시고 던지는 그 지긋지긋한 패턴의 반복.

'나는 사랑받을 자격이 없는 여자인가.'
받는 것 없이 끊임없이 베풀기만 하던 내 스물의 상처는 결국 자존감의 문제로까지 번졌다. 나에게 천 원짜리 한 장 쓰는 것도 아까워하는 남자. 어쩌다가 뭐 하나 사 주기라도 하는 날엔 몇 날 며칠이고 '그때 나랑 같이 먹은 거 기억하지? 그거 좀 비싼 거였어.' 하며 생색내는 인사. 알고 보면 없는 형편에 먹을 거며 선물이며 사 줘도 내가 훨씬 더 많이 사다 줬건만, 고마운 줄도 모르고 제가 내게 베풀어 준 것들만 쏙쏙 골라 기억하던 못난 인간과의 찌질했던 연애.

그러다가 결국 생각했지.
이렇게까지 해 가면서까지 이 남자를 만날 필요가 있을까?
내 피 같은 돈을 써가며 저런 놈을 배를 불려 주느니, 차라리 그 에너지를 나 자신에게 투자하는 게 훨씬 더 나은 방법인 거 아닐까.

그렇게 결국, 그 연애는 얼마 가지 않아 그다지 아름답지 못한 방법으로 끝을 맞았다.

그런데 사귄 기간에 비해 그 연애의 후유증이 생각보다 참 오래가더라. 똥 밟았다 치자며 쉽게 잊어버리기엔 당시에 내 멘탈이 너무 약했는진 몰라도 10년이 지난 지금까지도 이따금 그때 일들이 불쑥 생각이 나더라고. 늘 계산할 때만 되면 우물쭈물 뒤로 슬쩍 빠지던 그 모습과 이 세상에서 제 아들만 잘난 줄 알던 그 엄마의 말도 안 되는 갑질과 폭언들이.

이제는 잊을 때도 됐는데.

쪽팔린다고 그 누구에게도 털어놓지 못한 채 거의 10년씩이나 그렇게 방치를 했더니

결국 그 상처가 곪고 곪아 내 안에서 썩은 내를 풀풀 풍겨댔다.

쿨하게 잊지도, 아름답게 포장해 주지도 못한 채.

"아오! 어떻게 된 게 짜도 짜도 계속 나와!!!"

이 후드티를 그대로 뒀다간 배낭 안에서 곰팡이가 피고야 말겠다 싶어 아주 큰맘을 먹고 손빨래를 시작했다. 그런데 세탁까진 어찌어찌 했는데 그다음이 문제다. 어떻게 된 게 도무지 짜도 짜도 물 빠짐이 끊이질 않는 거다. 빨래를 비틀고 또 비틀다 보니 손목이 저려 오고, 탈수를 하느라 지친 손바닥은 쓸리고 쓸려 새빨갛게 달아올랐다.

"아 힘들어. 걍 이대로 대충 말릴까?"

하지만 이내 고개를 저었다.

때로는
빗방울도
맞겠지만

내가
그곳에
있었을 때

절대로 포기 안 해. 오늘에야말로 너랑 나, 아주 끝장을 보자.

더 이상 내 배낭 속에서 된장 꼬린 내를 풍기지 못하게 해 주겠어.

내 오늘 너를 탈탈 털어 햇빛에 쨍하게 말려 줄 테니 각오 단단히 하거라!

가끔 그런 생각을 해 본다. 만약 내가 혼자 끙끙 삭히지 말고 내 친한 친구에게라도 고민을 속 시원히 털어놨더라면 어땠을까. 그 남자의 부모님에게 영문 모를 폭언을 들었던 날, 혼자 숨어서 울지 말고 엄마한테만이라도 상담을 했더라면. 그랬다면 나의 연애는 조금 달라졌을까. 아니면 그보다 더 구질구질하게 깨졌으려나.

마음에 상처가 생겼을 때는 무턱대고 피한다거나 무작정 덮어 놓지 말고, 한 번쯤은 대담히 부딪혀 보는 것도 꽤 괜찮은 방법인 것 같다. 가령, 혼자 꽁해 있지 말고 '야!! 양심도 없냐?? 웬만하면 이번엔 너도 좀 내!' 하고 질러 본다거나, 혹은 친구들을 만나 '아 그 개자식이 글쎄!!' 하고 속 시원히 토해내 보는 것과 같은 뭐 그런 거. 물론 그러려면 자신의 궁상맞은 현실을 굳이 입 밖으로 꺼내는 고통을 감수하긴 해야겠지만, 그래도 눈물을 참으면서까지 괜찮은 척하고 있는 것보다야 속 시원히 터트려 버리는 게 훨씬 더 나은 방법이지 않을까.

그리고 혹시 또 아나. 그렇게 속 시원히 쥐어짜 비틀어 버리고 나면, 훗날 시간이 흐른 뒤 그 구질 했던 기억조차 '나름대로 괜찮은 추억이었어.'라며 포장이 가능해질지도.

격렬했던 물기 짜기 작업이 끝난 후, 난간에 축 늘어져 있는 후드티를 보며 생각한다.

좀 힘들었지만, 그래도 잘한 거야.

구역질이 나던 그 쉰내, 더러운 구정물. 너를 볼 때마다 내쉬었던 그
한숨들까지.

이젠 진짜로, 진짜로 안녕.

· 때로는
빗방울도
맞겠지만

163 page

내가
그곳에
있었을 때

내가 말이야,
태어나서 이렇게까지 누구의 관심을 받아 본 적이 없단 말이야.
근데, 이상하게 인도에만 오면 그렇게도 나를 예뻐해 주고, 사랑해 주고,
곁에 오지 못해 안달복달인 사람이 지천에 널리고 널렸단 말이지

밥 한술을 떠먹어도,
다 떨어진 슬리퍼를 끌며 골목길을 걷기만 해도,
허둥지둥하다가 똥을 밟고 신경질을 내고 있어도,
뭐가 그렇게도 사랑스러운지 그저 웃어 주고 보듬어 주고
예쁘다 예쁘다 예쁘다 해 주는 이들

나 사실,
내가 그렇게까지 사랑스러운 사람이라 생각해 본 적은 그다지 없었는데.
이상하게 인도에 있다 보니 자꾸 자신감이 퐁퐁 샘솟는 거 있지
나 조금 귀여운 것 같아,
나 정도면 예쁘단 소리도 조금 들을 만한 것 같아,
이 정도면 충분히 사랑받을 만하지 않아?
공주병 환자라 손가락질해도 좋아,
미쳤다고 혀를 쯧쯧 내두를지도 모르지

근데 괜찮아, 뭐 어때,

때로는　　　　　　　165 page　　　　　　내가
빗방울도　　　　　　　　　　　　　　　그곳에
맞겠지만　　　　　　　　　　　　　　　있었을 때

덕분에 세상이 이리도 아름다워 보이는걸,

그래도 내가 아직은 좀 러블리한 인간인 것 같은걸

원 없이 예쁨 받고 끊임없이 사랑을 받다 보니

이리도 가슴이 따뜻하고 머리가 말랑말랑해지는데,

까짓거 공주병 환자 좀 되면 어때

손가락질 좀 받으면 어때

그래, 나는 이제 이 세상에서 제일 예쁜 여자인 거야

누가 뭐래도 나는 깨물어 죽이고 싶을 만큼 사랑스럽고 깜찍한 인간인 거야

그러니 서현지, 오늘도 원 없이 사랑받으러 나가보실까?

어깨 펴고 고개 빳빳이 들고,

이 인도에 나보다 예쁜 여자는 없다는 듯이,

나보다 사랑스러운 인간은, 이 세상 그 어디에도 없는 것처럼.

안녕하세요, 오늘

어머! 저 알록달록한 귀요미는 뭐지?

델리 한구석을 지나다 목걸이 장수 아저씨를 만났다. 알파벳이 적힌 색 색깔의 구슬. 이니셜대로 구슬을 고르면 가죽끈에 차례로 엮어 팔 찌나 목걸이로 제작해 준다고 했다.
인도에 와서 내 이름이 들어간 액세서리를 갖는 것, 이거 꽤 있어 보이 는걸? 그러잖아도 근사한 기념품 하나 갖고 싶었는데 잘됐다 싶어 구 슬 보자기 앞에 자리를 차지하고 앉았다.

"골라 골라! 알 하나에 10루피! 목걸이든 팔찌든 말만 해~!"
"에에~? 아저씨! 하나에 10루피는 너무 비싸잖아!"
"안 돼! 에누리 없어~! 무조건 하나에 10루피야~!"

쳇. 더럽게 단호하네.
덥기도 덥고 몇 푼 안 되는 걸로 실랑이하는 것도 귀찮아 그냥 부르는 대로 주기로 마음을 먹곤 수천 개의 구슬을 헤집기 시작했다. 그런데 막상 H.Y.U.N.J.I. 알파벳 6개를 다 찾아 놓고 보니까 한 가지 문제가 생 겼다. 찾은 구슬을 옆으로 주르륵 놓고 보니 생각보다 색깔 조합이 안 예쁜 거다. 중간에 딱 튀게 빨간색도 있었으면 좋겠고 뭔가 쨍하게 보 라색 같은 것도 끼어 있었으면 좋겠는데 이건 뭐 그 색깔이 그 색깔인 듯 맹숭맹숭. 그래서 나는 개성도 없고 매력도 없는 그 조합이 맘에 들지 않아 다시 팔을 걷어붙이고 빨간색과 보라색을 찾기 시작했다. 좀 더 때깔 나고 눈에 띄는 이니셜 팔찌를 만들기 위해.

때로는
빗방울도
맞겠지만

169 page

내가
그곳에
있었을 때

"아, 아저씨, 빨간색 'H' 없어요?"

"몰라. 그 어디에 있겠지. 잘 한번 찾아봐."

"보라색 'J'는요?"

"아 글쎄 직접 찾아보라니까? 여기 구슬이 몇 갠지나 알아? 내가 일일이 어떻게 다 기억해!"

에이 씨. 벌써 20분 째란 말이야.

더워서 땀도 나고 계속 수그리고 있어서 목도 아프단 말이에요.

같이 좀 찾아 주지. 힘들어 죽겠는데.

나는 또래들에 비해 취업을 늦게 한 편이다. 보통 여대생의 경우 조금 일찍 취업을 했을 때 스물너덧 살에 첫 직장을 갖게 되지만, 나는 휴학도 여러 번 한 데다 취업 준비를 2년이나 하는 바람에 남들보다 사회생활이 3년이나 늦어졌다.

대부분의 취업 준비생들이 그러하듯이 나 역시 목표를 낮추고 싶진 않았다. 내가 노력한 만큼 인정받고 싶었고 한 번이라도 더 기회를 갖기 위해 꽤나 치열하게 살았다.

유명한 기업에 들어갈 거야. 그래서 멋지게 살 거야.

이렇게까지 노력했는데 그저 그런 회사에 들어갈 순 없잖아. 쪽팔리게.

하지만 기나긴 취준 생활 끝에 나는 결국 백기를 들었다. 못 자고 못 먹고 못 입어 가며 내 미래를 담보로 피를 말렸던 시간. 낮에는 도서관에서, 밤에는 스탠드만 덜렁 켜진 어두컴컴한 방 안에서 영어 단어를 외우고 인적성 문제집을 풀며 이를 악물고 버텨냈던 나날들. 차 타고 드라이브도 가고 싶고 후배들처럼 배낭 메고 여행도 떠나고 싶고 전부 다 내려놓고 딱 며칠만 고삐 풀고 놀아 보고 싶어도, 그래도 차마 내일이 두려워 단 세 시간 눈 붙이는 것조차 불안에 떨며 잠자리에 들었던 공포의 시간이 2년. 무려 2년이었다.

그렇게 죽기 직전까지 뛰고 구르고 버티기를 반복하며 온몸의 에너지를 쥐어짜 내고 나니 이제 더 이상은 못하겠더라.

포기할래. 그냥 여기서 그만둘래.
'불합격 하셨습니다' 문구 보는 것도 지치고,
문제집 붙들고 밤을 꼴딱 새우는 그 짓도 이제 더 이상은 못하겠어요.
결과를 보고 눈앞이 새하얘지는 그 기분도 미치도록 진절머리나고,
실망한 티 내지 않으려 갖은 애를 쓰는 부모님의 얼굴을 보는 것도 이젠 힘들어.

나 이제 못해. 다 때려치울래.

그렇게 오랜 취준 생활을 접은 후 나는 피를 토하는 심정으로 대구의 한 회사에 입사했다. 그 첫 출근 하던 날이 아직도 생생히 떠오른다. 사무실로 친절히 안내해 주던 팀장님도 반갑게 웃어 주던 팀원들도 하나도 반갑지가 않고, 그저 내 자리라고 소개된 하얀 책상에 앉으며 '겨우 이 자리에 앉으려고 내가 그 개고생을 했나.' 하고 낙심했던 그 날의 기억을.

때로는
빗방울도
맞겠지만

171 page

내가
그곳에
있었을 때

이건 훗날 팀장님한테 들은 이야긴데 당시 내 표정이 마치 도살장에 끌려온 소 같았다고 한다. 마지못해 입사한 티가 역력했고 언제든 마음만 먹으면 훌쩍 떠나버릴 사람 같아 처음엔 말 한마디 붙이는 것조차 조심스러웠다고 했다.

하지만 시간이 지나면서 서서히 깨달았지. 내가 얼마나 건방진 신입 사원이었는지. 모두들 자부심을 갖고 근무하는 그곳을 '이딴 회사'라 부르며 욕하고, 매번 스스로를 '실패자'라 칭하며 사기를 꺾어 놓기 일쑤였던 나를, 그래도 동료라고 끝까지 보듬어 주고 이끌어 준 그들이 얼마나 선하고 좋은 사람들이었는지도 함께.

"아 몰라!! 그냥 이대로 할래요."

"오. 포기? 빨간색이랑 보라색이 결국 없었나 보지?"
"없어! 여기 있는 거 다 뒤졌는데도 없어요. 그냥 이대로 만들어 줘요.
것도 뭐, 나쁘진 않네."
"그래그래, 이것도 충분히 예쁘잖아. 할 만큼 했는데도 없으면 이대로
예쁘게 끼고 다녀야지. 안 그래~?"

응, 그러네요.
등에 땀이 나고, 손에 쥐가 날 정도로 열심히 찾았는데 그래도 없는
거니까.
난 최선을 다했는데도 결국 없었던 거니까.
그냥 지금 있는 그대로, 당장은 마음에 안 들더라도

때로는
빗방울도
맞겠지만

내가
그곳에
있었을 때

계속 보고 또 보면서 '예쁘다', '귀엽다' 생각하면 되는 거겠죠?
그렇게 살면 되는 거겠죠. 나.

나의 소중한 팀원들이 가르쳐 줬다. 현지 씨 인생 지금도 충분히 멋지
다고. 절대 실패자가 아니라고. 그러니 얼른 마음잡고 정신 차려서 현
재에 집중하자고.
그렇게 실패의 수렁에 빠져 허우적거리고 있던 나를 도닥도닥, 차근차
근히 일으켜 세웠다.

나는 다시 20대의 취준생으로 돌아간다고 해도 욕심을 버리지는 않
을 것 같다. 숨이 막힐 만큼 힘들었고 차라리 죽는 게 낫겠다 싶을 만
큼 괴롭기도 했었지만, 그래도 나는 또다시 어깨가 빠질 듯이 나의 빨
간색 H와 보라색 J를 찾기 위해 오랜 시간 고개를 숙이고 살 것이다.

하지만 한 가지는 달라질 자신이 있다. 만일 내가 끝끝내 멋지고 반
짝이는 팔찌를 만들어내는 데 실패한다고 해도, 그래서 또다시 바닥
에 엎드려 눈물을 흘린다고 해도, 어릴 적의 나처럼 그렇게까지 오랫
동안 실패의 늪에 빠져 아까운 시간을 흘려보내지는 않을 거란 거. 죽
기 직전까지 노력했고 있는 힘껏 모든 걸 쏟아 부었는데도 그래도 또
다시 실패를 하고야 만다면, 나는 조금이라도 더 빨리, 하루라도 바삐
자리를 박차고 일어나 나의 오늘을 돌보는 데 최선을 다할 것이란 걸
말이다.

이제야 할 수 있는 말이지만, 그때의 동료들이 아니었다면 나는 일찌감치 망했을 것 같다. 지금 이대로도 이미 충분히 멋지다 말해 주던 그들이 아니었다면 아마 나는 아직까지도 최종 면접에서 탈락하던 그 날의 상처를 부여잡고 자존감 바닥 치는 인생을 살고 있었을 테니까.
그러니 괜찮다 서현지.
우울할 만큼 우울해 했고, 세상이 끝난 것처럼 속상해 보기도 했으니 이제는. 이제는 오늘을 살자.

너는 비록 인생의 큰 목표 중 하나를 끝끝내 이루지 못했지만,
그래도 꽤나 뽀대 나는 실패를 경험해 본,
그 누구보다 알록달록한 잘난 서른일 테니.

때로는
빗방울도
맞겠지만

175 page

내가
그곳에
있었을 때

때로는
빗방울도
맞겠지만

내가
그곳에
있었을 때

남의 여행을 기록하다

옆방에 묵는 사람들이랑 다 같이 모여 카레 라이스를 만들어 먹었다. 오랜만에 먹는 한국 음식이라 다들 잔뜩 흥분했는데 그 신난 모습들이 무척 귀여워 계속 찰칵찰칵 셔터를 눌러댔다. 몇 명은 렌즈를 보며 씨익 웃기도 하고, 또 몇 명은 카메라를 피해 여기저기 도망 다니기도 했다.

근데 그중에서도 유독 사진 찍히는 걸 즐기는 한 사람이 있었으니, 바로 진주 출신 대학생 이정한.

"자 정한아~! 스마일~~!"

그는 냄비를 씻다가도, 눈물을 글썽이며 양파를 썰다가도 내가 렌즈만 들이대면 어김없이 "브이!!" 하며 포즈를 취했다. 덕분에 사진 찍어 줄 맛이 마구 샘솟아 수시로 셔터를 눌러댔더니 카메라에 정한이 요리하는 사진만 서른 장이 넘어간다.

"정한이 넌 사진 찍는 거 참 좋아하는 거 같아. 어쩜 한번을 안 빼냐."

"왜 빼요?? 사진 많이 찍혀 놔야 나중에 누나 책에 한 장이라도 나오죠. 나중에 나 꼭 실어 줘요, 누나."

오, 이런 사람은 처음이었다. 보통 '책에 사진을 좀 실어도 되겠느냐'고 동의를 구하면 몇몇은 부담스러워하거나 혹은 "아… 나 오늘 부었는데" 하며 얼굴 상태를 염려하곤 하는데 이건 뭐 걱정은커녕 적극적이

때로는
빗방울도
맞겠지만

내가
그곳에
있었을 때

기까지 하니. 거 참 독특한 캐릭터일세.

좀 궁금해져서 물어봤다. "책에 실리는 게 왜 좋아?" 하고.
그랬더니 그의 대답.
"나중에 누나 책을 보면 제 여행에 대한 기록이 남아 있을 거 아니에
요. 적어도 코치에서 내가 누구를 만나 뭘 먹었는지 정도는 기억이 나
겠죠. 결국엔 뭐랄까 음… 내가 써야 할 일기를 누나한테 떠넘기는 느
낌??"
그러면서 '내 일기 잘 부탁해요. 누나~' 하며 씩 웃는다.

와, 이 말을 들으니 갑자기 책임감이 막 생긴다. 훗날 내 일행 중 누군
가가 내가 쓴 책을 들여다보며 "아~ 이땐 이랬지." 하고 추억할 수도
있다 생각하니 전에 없던 사명감까지 마구마구 돋아난다. 에이, 이럴
줄 알았으면 더 더 많이 찍고 훨씬 더 자세히 적어 놓을 걸 그랬어. 피
곤하다고 일기도 며칠씩 거르고 귀찮다고 사진도 대충대충 찍고 그랬
었는데, 엄청 후회되네, 이거.

내가 쓴 일기가 '우리 모두의 기록'이 될 수 있다는 중대한 사실. 이번
에 정한이가 확실히 가르쳐 줬지.
옵션으로 '누나, 그러니까 어딜 가든 열심히 찍고 부지런히 쓰셔야 해
요~' 하는 충고도 아끼지 않으면서 말이야.

때로는
빗방울도
맞겠지만

내가
그곳에
있었을 때

P.S. 스물여섯 청년, 이정한을 위한 기록

정한이는 오늘 핑크색 룽기(남성들이 입는 치마)를 입었다. 그리고 낮에는 한국인 일행들이랑 같이 카레 라이스를 만들어 먹었다. 저녁에는 치킨에 맥주를 사다가 조촐하게 파티를 했는데 뜻밖에 탄두리 치킨보다 갈릭 치킨이 훨씬 더 맛있다며 한국에 돌아가면 이 짭조름한 맛이 매우 그리울 것 같다고 했다.

다 같이 앉아 얘기를 하다 "취업 준비하려면 힘들겠다" 했더니 그는 "전 잘될 거예요. 운이 좀 좋은 편이거든요. 언제나 신은 내 편!!"하고 쾌활하게 대답했다. 정한이가 한국에 돌아가서 취준 생활을 할 때도 지금의 이 마인드를 절대 절대 잊지 않았으면 좋겠다. 돈 주고도 못 산다는 그 긍정적인 마인드. 짱 부럽다.

오늘 정한이가 "북인도로 올라가면 더 이상 안 더울 거예요, 그쵸?"하고 물어봤는데 괜히 기대를 깨기 싫어서 그냥 '응 그럴 거야'하고 대답해 줬다. 지금 조드푸르에 있는 동생이 "언니, 더워 죽겠어요!!!"하며 카톡을 했던 사실을 굳이 알려줄 필요는 없겠지.

이상 2016년 1월, 남인도 포트 코친에서의 기록이다. 굿 나잇.

때로는
빗방울도
맞겠지만

내가
그곳에
있었을 때

길을 잃었다

일주일간 잠시 머물렀던 네팔 카트만두. 한참을 정신없이 구경하다 문득 아차, 싶은 생각에 왔던 길을 돌아다봤다.

"헐, 여기가 어디지?"

그렇다. 나는 자타가 인정하는 길치다. 내 입으로 이런 말 하긴 정말 싫지만 가끔은 스스로도 '나 어딘가 모자라는 거 아닐까?' 고민할 정도로 심각하게 길눈이 어둡다. 어릴 적부터 이 고질병을 고치기 위해 수시로 지도도 들여다보고, 의식적으로 간판도 외워 보며 참 별짓을 다해 봤건만 나아지긴커녕 머리만 아팠다. 말 통하는 한국에서도 이 정도니 생판 처음 와 보는 낯선 외국 땅에선 진짜 말 다 한 거다.

걸어도 걸어도 계속 처음 보는 골목만 나오니 슬슬 겁이 났다.
고 잠시 한눈팔았다고 그새 길을 까먹다니. 이 맹추!!
"아저씨, 혹시 샹그릴라 게스트하우스 어떻게 가는지 알아요?!"
"글쎄? 지도 한 번 찾아보지 그래?"
"지도는 벌써 찾아봤죠. 저 지금 한 시간 째 이러고 있단 말이에요. 진짜 미치겠네…"
결국 가이드북을 패대기치고 바닥에 털썩 주저앉아 버렸다. 두려움에

식은땀이 다 났다.

내가 지금 시내를 몇 바퀴나 돌았는지 아느냐고. 이 골목들은 뭐 또 이렇게까지 비슷비슷하냔 말이야. 버럭버럭 성질을 내고 있으니 옆에 있던 환전소 주인아저씨가 껄껄 웃는다.

"그러지 말고 좀 더 돌아다녀 봐. 이 근처 어디에 있겠지~"

"아 몰라, 열 받아요! 놀지도 못하고 몇 시간째 이게 뭐냐구요."

"아 못 놀긴 왜 못 놀아~. 그냥 사람 구경도 하고, 맛있는 것도 사 먹으면서 놀면 되지. 그냥 그러다 보면 언젠가 니가 찾는 숙소도 금세 나오지 않을까? 어차피 카트만두 시내 빤하거든."

아… 그런 건가?

뭐, 듣고 보니 그럴듯하긴 했다.

진짜 맘 편히 돌아다니다 보면 언젠가는 눈에 익숙한 길이 나오긴 할 테니까.

아저씨 말대로 어차피 길을 잃어 봤자 손바닥만 한 카트만두 시내 안일 텐데,

나는 도대체 뭐 때문에 이렇게까지 불안해했단 말인가.

그건 아마 내가 '길을 잃었다'고 생각했기 때문일 테다. 나는 길눈이 어두우니까. 지도 찾는 것도 잘 못 하니까. 그래서 모르는 길로 들어섰다고 인식하는 그 순간부터 이 시간을 즐기기를 포기한 채, 그저 익숙하고 본래 알았던 그 길만을 찾으려 아등바등 발버둥을 치고만 있었던 거지. 사실은 길을 잃은 게 아니라, 그저 처음 와 보는 곳을 여행하고

때로는
빗방울도
맞겠지만

185 page

내가
그곳에
있었을 때

있는 것이라 여기면 참 간단히 해결되는 문제인 건데.

그러고 보면 나는 평생을 이렇게 살았던 것 같다. 시험공부를 할 때나, 회사에서 업무를 볼 때도 평소에 보고 배운 것과 조금만 다르면 '어, 이거 뭐지? 나 이거 모르는데 어떡하지?' 하며 당황부터 했고, 엄마랑 산에 놀러 갔을 때도 등산로에서 약간만 벗어나면 아주 큰 일이라도 나는 마냥 지름길로 가려는 엄마를 필사적으로 말리곤 했었다.

원래부터 알아온, 내게 익숙한 그 방법이 아니면 우선 당황부터 하고
보는 것.
그렇게 평생을 쌓아 온 그 습관이 결국엔 여행지에서까지 불쑥 튀어
나온 거다.
그냥 새로운 걸 배운다고 생각하면 되는 건데.
원래 알던 그 길 말고도 사실은 옆길도 있고, 뒷길도 있고, 훨씬 더 빨
리 갈 수 있는 지름길도 있다는 걸 침착하게 배워 나가기만 하면 되는
건데 말이다.

때로는
빗방울도
맞겠지만

내가
그곳에
있었을 때

그래, 그렇게 여행하면 되는 거다.

아무리 꼬이고 꼬여 봤자 결국엔 또다시 올바른 길을 찾을 것이고,

그렇게 언젠가는 내 자리로 안전하게 돌아오고야 말 테니까.

자자, 겁먹지 말고 다시 한 번 카트만두 투어에 나가 보실까?

고고!! Let's go!!

P.S. 실제로 이 결심을 한 뒤 20분 만에 숙소를 찾았다. 세상에, 내가 골백번
을 더 왔다 갔다 했던 바로 그 골목이더라고. 하도 어이가 없어서 방에 들어
오자마자 노트북을 켜고 이 일기를 쓴다.

헤매고, 깨닫고, 피식피식 웃고. 버라이어티하다. 네팔.

때로는
빗방울도
맞겠지만

내가
그곳에
있었을 때

나는 아직도 이 노래만 들으면
맥간으로 올라가던 그 새벽 버스가 생각나.

도로롱 도로롱 들려오는 옆 사람의 코 고는 소리,
우르릉 우르릉거리는 낡은 버스의 엔진 소리,
그리고 일정하게 휙휙 지나가는 주황빛 가로등 불빛까지.
이상하게 참 음악이란 게, 그 속에 기억을 고이고이 접어 넣게 하더라고

그래서 가끔 맥간이 그리워질 때면,
이어폰을 귀에 꽂고 이 노래를 듣곤 해

그러면 참 신기할 만큼 그때의 새벽 2시가 생생하게 떠오르는 거야.
기분 좋게 차가웠던 에어컨 바람,
의자 위에 올려둔, 약간은 건조해진 발가락의 바스락거림,
목 끝까지 덮고 있던 담요에서 풍겨 나오던 알 수 없는 곰팡이 냄새까지.
마치, 타임머신이라도 탄 것처럼.

♬ 태연, Rain

때로는
빗방울도
맞겠지만

내가
그곳에
있었을 때

엄마

"엄마!!!"

기차 안에서 계란을 까먹다가 우뚝, 손이 멈췄다.
방금 뭐라고?
깜짝 놀라 이리저리 고개를 돌려봤지만 아무리 살펴봐도 이 기차 안에 한국인이라곤 나 하나뿐.
잘못 들었나 싶어 다시 삶은 계란으로 머리를 떨구는 순간
"엄마!!"

맞다. 이번엔 확실하다.
소리가 난 쪽으로 잽싸게 고개를 돌렸더니 웬 여자아이가 똥그란 눈으로 날 멀뚱멀뚱 쳐다본다. 이제 서너 살쯤 지났을까 싶을 만큼 작은 몸집. 꼬질꼬질 때가 묻은 얼굴이 딱 말괄량이 삐삐 같다.
"아이구!! 여기 올라가서 뭐하니!!!" (영어는 아니었으나 뭔가 이런 식의 느낌이었다.)
"엄마~ 엄마아~~"
어디선가 나타난 젊은 여자가 아이를 안아 든다. '엄마가 이런 데 올라가지 말랬잖아~' 하며 맨손으로 엉덩이에 묻은 먼지도 탈탈 털어 주고, 얼굴에 붙은 검댕도 손으로 쓱쓱 쓸어낸다.

엄마. 엄마라니.

발음도, 억양도 익숙한 바로 그 단어가 인도인의 입에서 흘러나왔다. 여긴 한국도 아니고 나 빼곤 한국인 비슷한 사람조차 없는 기차 안인데. 어떻게 이런 일이 있을 수 있지?

나중에 안 사실이지만 인도에서는 엄마를 '엄마'라 부르고, 아빠를 '아빠'라 부른다고 한다. 참으로 놀라운 일이지 않나? 한국에서 열 몇 시간을 날아와 도착한 이 인도 땅에, 무려 의미가 똑같은 단어가 둘씩이나 존재한다는 사실이. 역시, 언어란 참 신비로운 것이야.

그러고 보니 엄마 아빠 얼굴을 못 본 것도 벌써 한참 됐다. 한국에선 맘만 먹으면 버스를 타고 쪼르르 달려가 맛있는 된장찌개도 얻어먹고, 귀여움도 실컷 떨어 볼 수 있었건만. 여기서는 기껏해야 카톡이나 영상 통화가 전부이니 그 손길이라든지 따스한 눈빛들이 참으로 그리울 수밖에. (이럴 줄 알았으면 핸드폰에 엄마 사진 좀 많이 저장해서 가져올걸. 천추의 한이다.)

그래선지 어쩌다 인도에서 '엄마' 혹은 '아빠'란 단어를 들을 때면 어딘가가 참 뭉클해진다. 천진하게 불러대는 그 단어가, 가슴이 사무치게 그리운 그 말들이 들려올 때면 나도 모르게 가슴 한구석이 울컥하기도, 이유 없이 눈가가 화끈해지기도 하는 거다.

언제쯤 다시 불러 볼 수 있을까. 아직 한국으로 돌아가려면 한참 남았는데. 언제쯤이면 다시 '엄마!!' 하고 마음껏 외쳐 볼 수 있으려나. 휴.

그래서 난 엄마가 그리운 날이면 숙소에 일해 주시는 이모들을 그냥 내 맘대로 엄마라고 부르기 시작했다.

"엄마아~~ 옥상에 널어놓은 내 빨래 봤어요?"

"엄마!! 내 슬리퍼 신고 나가지 말라고 했잖아!!!"

내가 그들을 엄마라 부르는 순간, 나는 거짓말처럼 그들의 딸이 되었다. 그저 '저기요~'에서 '엄마'로 단어 하나 바꾸었을 뿐인데 내 인도 여행 전체가 또 다른 색으로 물들기 시작했다.

그녀들은 저를 엄마라 부르는 나를 진심으로 아껴 주었다. 혼자 있을 땐 옆에 와서 말 한마디라도 더 걸어 줬고, 자그만 과일 한 쪽도 나눠 먹으려 했으며, 밤에 춥진 않은지, 낮엔 선크림을 발랐는지 등을 체크하며 진짜로 내가 친딸이라도 된 마냥 아주 살뜰히도 챙겼다.

엄마들이 나에게 손을 뻗어 올수록 나는 더욱더 힘껏 그 품에 기댔다. 어디 가서 억울한 일을 당할 때면 인도 엄마들에게 쪼르륵 달려가 "엄마!! 저 아저씨가 말이야~" 하며 조잘조잘 일과를 일러바치기도 했고, 맛있는 걸 발견하면 엄마들이랑 나눠 먹을 생각에 두 손 가득 양껏 사 들고 들어오기도 했다.

그러고 보니 그간 인도 엄마들을 참 많이도 만들었다.

바르깔라 숙소 엄마, 폰디체리에서 병간호해 주던 엄마,

다르질링의 여 사장님과, 고아에서 만난 잔소리쟁이 조이스 엄마까지.

뒤돌아보니 내가 곳곳에서 만들어낸 인디아 가족들이 이렇게나 많았더라고.

때로는
빗방울도
맞겠지만

197 page

내가
그곳에
있었을 때

아마 내가 몇 달째 인도에서 꿋꿋이 여행할 수 있었
던 건, 곁에서 이리 어르고 저리 달래 가며 끊임없이
나를 받아 준 수많은 엄마들이 있었기 때문일 테다.
그들이 없었다면 어쩌면 일찌감치 포기해 버렸을지
도 모르지. 몸이 아플 때마다, 배고픈 순간이 찾아올
때마다 몇 번이고 짐을 싸 공항으로 달려가 버렸을
것 같다.

돌이켜보면 엄청난 행운인 거다.
엄마가 '엄마'고, 아빠가 '아빠'인 덕에 이 얼마나 대단
한 호사를 누리고 있나. (하늘이 도왔다. 인도어로 '엄
마'가 '쁘라디싸마티에끼예' 같은 '헉'스런 단어가 아니
라는 게.)

모르긴 몰라도 나는 인도를 떠나는 날, 참 많이도 울
것 같다. 나를 딸이라 부르며 따뜻하게 안아 주고 살
뜰히 챙겨 주던 수많은 인도 엄마들의 얼굴이 생각
나서.

아직 한참도 더 남았을 이별의 그 날이,
벌써부터 두려워진다.

때로는
빗방울도
맞겠지만

내가
그곳에
있었을 때

아파 죽다

"아… 진짜 왜 이러지?"

아까부터 아랫배가 쑤셔 온다 싶더니 슬슬 속까지 메슥거리기 시작했다. 미칠 듯 배가 아파 후다닥 화장실로 달려가도 또 막상 변기에 앉으면 감감무소식. 그렇게 몇 시간을 변기통이랑 침대를 왔다 갔다 하고 있는데 이제는 몸에 열까지 스멀스멀 올라온다. 와… 이거 심상치 않은데?

몸에 이상이 생겼음을 감지하자 마음이 급해졌다. 옆방에 있던 일행에게 달려가 '나 지금 열 있지? 열나는 거 맞지??' 했더니 냉큼 이마에 손을 얹는 그. 화들짝 놀라는 그 표정을 보는 순간 직감했다. 아. 큰일 났구나.

그 후로 얼마나 시간이 흘렀나. 설사약을 허겁지겁 집어 먹었던 것 같기도 하고, 숙소 이모를 붙잡고 아파 죽겠다며 칭얼칭얼거렸던 것 같기도 하다. 화장실 바닥에 철퍼덕 주저앉아 변기통을 붙잡고 구역질을 했던 것도 같고, "왜 약을 3알이나 먹었는데 효과가 없는 거냐!!" 하며 억울해 했었던 것도 얼핏 떠올랐다.

그렇게 몇 시간을 구토와 고열에 시달리다 어렴풋이 정신을 차렸을 때, 나는 병원 응급실 침대 위에 누워 있었다.

새벽녘에 실려 왔다고 했다. 열이 너무 심하게 나서 도저히 그냥 둘 수

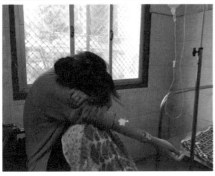

때로는
빗방울도
맞겠지만

내가
그곳에
있었을 때

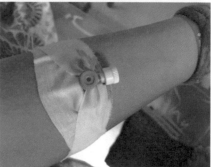

가 없었단다. 이대로 뒀다간 진짜 송장 하나 치우지 싶어 숙소 이모와 옆방에 묵던 환 군, 그리고 지나가던 릭샤 아저씨 세 사람이 합심해 나를 병원으로 옮겼다고 했다.

"누나!! 내가 얼마나 걱정했는지 알아요?!! 나 영어도 잘 못 하는데!!" 할 말이 없다. 너무너무 고마웠고, 말도 못 할 정도로 미안했다. 보호 자가 앉을 의자조차 제대로 준비되지 않은 열악한 인도 병원에서 얼마나 개고생을 했을까. 제 말마따나 영어라곤 한마디도 할 줄 모르는 사람이 아파서 쓰러진 사람 케어하느라 얼마나 진땀을 뺐을꼬.

오후쯤 검사 결과가 나왔는데 세상에, 무려 식중독이란다. 'food poisoning'이란 단어를 듣는 순간, 전날 점심으로 먹었던 소고기 스테이크가 머릿속을 섬광같이 스쳐 갔다. 소고기 한번 먹어 보겠다고 군이 그 먼 데까지 릭샤까지 타고 찾아가는 수고를 했건만, 그게 이렇게 배신을 때릴 줄이야. 어쩐지 구역질하는데 자꾸 고기 냄새가 난다 했어.
새벽 내내 간호하느라 한잠도 못 잤다던 환 군은 숙소로 돌아오자마자 침대에 대짜로 뻗었다. '나 좀 잘게요. 일어날 때까지 깨우지 마요' 하는데 진짜 대역 죄인이 된 기분이다.

이건 나중에 알게 된 건데, 영어가 부족했던 환 군은 새벽 내내 전자 사전을 펴 놓고 의사와 격렬한 실랑이를 했다고 한다.
"그니까!! loose bowels! 설사라구요 설사! 오케이?

때로는
빗방울도
맞겠지만

203 page

내가
그곳에
있었을 때

아니 아니! 쉬 이즈 낫 마이 와이프!! 저스트 프렌드! 걍 친구!!
어 그니까… yesterday!! 테, 테이킹 메디슨… 어·· 쓰리 태블릿!"
나중에 일일이 손짓 발짓 동원해 가며 재연을 해 주는데 어쩌나 웃음
이 나던지. 덕분에 간밤에 생사를 오갈 정도로 아팠던 폰디체리 식중
독 사건은 곁에서 물심양면으로 간호해 준 환 군 덕에 큰 문제 없이
무사히 잘 지나갈 수 있었다.

열이 내리고 설사가 완전히 멈춘 뒤, 그렇게 또다시 새벽이 찾아왔
다. 환 군이 "퇴원 축하 선물이에요!" 하며 건네준 쪽지를 들여다보니
간밤의 당황스러움이 뚝뚝 묻어나는 글자들이 빼곡히 적혀 있었다.
'loose bowels', 'vomiting', 'taking medicine'… 짜식… 진짜 고생
많이 했겠네. 일행 잘못 만나서 이게 뭔 고생이라니.

환 군을 죽도록 고생시켜 보고 나서야 깨달은 사실인데, 여행 중엔 곁
에 있는 사람을 생각해서라도 절.대.로 아파선 안 되겠다 싶다. 겪어
본 사람은 알 거다. 내 몸 아픈 것 때문에 옆에서 누가 고생을 하고 있
으면 고맙다는 마음보다 미안하다는 감정이 훨씬 더 앞선다는 걸. '나
때문에 밥도 못 먹었을 텐데. 아마 간호하느라 잠도 못 잤겠지? 제발
옮는 건 아니었으면 좋겠다.' 그렇게 갖은 고민과 걱정들을 하느라 결
국엔 병든 몸보다 멀쩡했던 마음이 몇십 배는 더 불편해진다는 걸 말
이다. 이번에는 운 좋게도 환 군 덕에 간호를 잘 받았다지만, 다음에도
이런 맘씨 좋은 동행을 만날 거란 보장은 없으니 미리미리 내 몸은 내
가 알아서 잘 지켜야겠더라고.

먹는 거, 마시는 거, 그리고 바르는 거 하나하나까지 모두 조심하자.
그리고 아프지 말자.
즐겁자고 온 여행인데 괜히 여기 와서까지 아파하느라 아까운 시간
다 보내 버리면 그게 얼마나 억울한 일이냐 말이다. 그러니까 나를 위
해서, 그리고 함께 애써 줄 일행을 위해서라도 일단 내 몸은 스스로
챙기고 보는 거다. 오키?

날이 밝으면 환 군이 그렇게나 먹고 싶어 하던 상큼한 레모네이드와
매콤한 갈릭 치킨을 아주 원 없이 실~컷 먹여 줘야겠다.

P.S. 인도에 있는 대부분의 공영 병원은 진료비와 입원비, 그리고 약값이 전
부 무료입니다. 그러니 괜히 돈 걱정된다고 혼자 끙끙 앓지 마시고, 좀 아니다
싶으면 곧장 병원으로 달려가세요. 약으로 낫는 병이 있고, 택도 없는 병도
있더라고요. 아주 죽는 줄 알았습니다.

때로는
빗방울도
맞겠지만

205 page

내가
그곳에
있었을 때

때로는
빗방울도
맞겠지만

내가
그곳에
있었을 때

Uncomfortable한 매력의 인도

배낭을 메고 떠돌이 생활을 하다 보니 이것저것 괴롭고 불편한 것들
이 생겨난다. 손톱을 제때 깎지 못해 오늘만 해도 오른쪽 엄지손톱이
두 번이나 뒤집혔고, 배터리를 충전할 형편이 못 되어 핸드폰은 하루
가 멀다고 툭툭 꺼졌다. 한국에서는 그나마 단정하게 눈썹도 좀 다듬
고 앞머리도 깔끔하게 해서 다녔던 것 같은데, 여행 시작한 지 몇 개
월이 넘어가니 이건 뭐 양치나 제대로 하면 그나마 다행일 정도로 거
지꼴이 따로 없다.

이런 하고 많은 불편함과 수고스러움 중에서도 나를 제일 힘들게 하는 건, 바로 '먹고 싶은 걸 먹지 못하는 괴로움'이다. 뜨뜻한 순두부찌개가 생각나 미치겠고, 엄마가 차려 준 집 밥이 먹고 싶어 돌아버릴 것 같은데도 이게 도저히 해결할 방법이 없으니까. 매일 밤 침대에 누울 때마다 고소하게 부친 호박전과 매콤하게 끓인 김치찌개와 짭조름하게 구운 스팸 한 조각이 천장에 둥둥 떠다니는데, 내가 당장 여기서 먹을 수 있는 거라곤 코리앤더 냄새가 나는 볶음밥과 푸석하게 부서지는 볶음 국수가 전부이니. 이 얼마나 미치고 팔짝 뛸 노릇인지.

그러던 어느 날, 맥간으로 올라가기 위해 인도의 수도 뉴델리에 재입성했다. 깡촌 시골에만 있다가 갑자기 대도시로 나오니 그야말로 별천지. 수도라는 명성에 걸맞게 관광객도 많고 호텔이나 음식점도 지천에 널렸다.
숙소에 짐을 풀자마자 곧장 델리에서 제일 유명하다는 한식당으로 달려갔다. 된장찌개나 김치찌개까지는 바라지도 않는다. 그저 더도 덜도 말고 제대로 된 신라면 딱! 한 그릇만 있으면 소원이 없겠다.

"뭐 드실래요? 메뉴 보고 골라 주세요~"
벽에 걸린 메뉴판을 보자마자 눈이 휘리릭 돌아갔다.
와~~~대박!!
라면에, 비빔밥에 제육볶음에 심지어 떡볶이까지!!!
헐! 밑반찬까지 따로 나온다니! 여기가 바로 천국이로구나!
한 접시에 400루피^{6,700원}나 하는 떡볶이를 큰 맘 먹고 시켰다. 눈앞에

때로는
빗방울도
맞겠지만

209 page

내가
그곳에
있었을 때

새빨간 고추장 떡볶이가 나오자마자 한마디 말도 없이 허겁지겁 먹어 치웠다.

진짜 말도 못하게 맛있었다. 과장 좀 보태 태어나서 먹어 본 음식 중 제일 맛있었다고나 할까? 그간 한식당이라고 해 봤자 죄다 이름만 'Korean restaurant'이지 깍두기조차 없는 곳이 태반이었는데. 와, 이번에야말로 '제대로'를 만난 거다.

한번 한식 맛을 본 나는 정신을 못 차리고 다음 날에도, 그 다음 날에도 이 식당에 들렀다. 세끼를 꼬박 한식으로 빵빵하게 배를 채우니 온 세상이 내 것만 같았다. 비빔밥도 먹고, 라면도 먹고, 밑반찬으로 나온 호박 무침이며 김치까지 남김없이 먹어 치우면서 '이런 게 행복이구나!' 싶기까지 했다. 그 정도로 뉴델리에서의 며칠은 그야말로 천국과도 같은 나날이었다.

근데 말이다. 시간이 지나니까 이것도 슬슬 감동이 떨어지더라.

분명 뜨끈한 라면 한 그릇에 세상을 다 가진 것 같았고, 쫄깃쫄깃한 떡볶이 한 접시에 마치 꿈을 꾸는 것만 같이 황홀했었건만. 이상하게 어느 순간부터 메뉴판을 받아도 딱히 행복하단 생각이 안 드는 거다. 며칠 전만 해도 무슨 음식을 먹을지 고민하며 입이 헤벌쭉했었던 거 같은데, 이젠 무슨 음식을 먹어도 모든 게 당연해져선 이걸 먹어도 흥, 저걸 먹어도 그다지.

그냥 모든 게 뻔해졌고 그럼으로써 딱히 뭔가를 기대할 이유도 사라졌다. 어차피 비빔밥은 맛있을 테고, 라면은 매콤할 테니까. 없을 때는 그렇게나 그립고 소중했던 대상이 이제 돈만 내면 얻을 수 있는 흔한 것이 되어 버리니 더 이상 그것들이 절실하지가 않았다.

그렇게 천국 같던 뉴델리가 지겨워지는 순간,
나는 이 도시를 떠나기로 마음먹었다.

델리를 떠나 맥간으로 출발하는 날, 이상하게 신이 났다. 이제 이 맛있는 음식들과 이별해 또다시 입에 맞지도 않는 음식을 억지로 먹어 가며 변비를 달고 살아야 할지도 모르는데도. 그냥 가슴 어딘가 모르게 참 다행이라는 생각이 들었다.
그냥 이 이 인도가 뻔해지는 게 싫었던 것 같다. 차라리 좀 괴롭더라도 그냥 모자라고 불편하게, 그렇게 부족한 채로 하는 여행이 훨씬 더 내 옷 같고 또 재미가 있더라. 그간 몰랐는데, 완벽하게 모든 걸 갖춘 인도는 영~ 내 스타일이 아니더라고.

맥그로드간즈에 올라와 첫 식사를 했던 오늘.
나는 이게 대체 계란 볶음밥인지 소금밥인지 모를 만큼 죽도록 맛없는 점심을 사 먹으며
'맛이 거지같이 없어서 참 다행이다. 내가 이딴 걸 돈 주고 사 먹었다니 얼마나 잘된 일이야'라며 크게 안도했다.
참으로 아이러니하게도 말이지.

때로는
빗방울도
맞겠지만

내가
그곳에
있었을 때

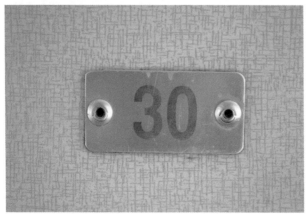

스물여섯, 그리고 스물아홉. 참으로 고단했던 나의 젊은 날.
하루빨리 지나가기만 바랐어.
'어떻게든 되겠지' 하며,
대충 페이지를 넘겨 버리고 싶었던 적도 있었지

근데 그리 힘들게 차곡차곡 모아 놨던 것들이,
결국엔 서른의 나를 밀고 나가는 힘이 되어 주더라
다 없어진 줄 알았는데.
그딴 거 괜히 배웠다고, 시간 낭비만 했다며 후회도 했었건만.

아니더라고.
하나도 빠짐없이, 다 내 안에 남아 있었더라

힘들게 견뎌냈던 시간,
스스로를 채찍질하며 힘겹게 이겨냈던 그 기억들이,
결국엔 모두 내 속에 남아,
지금의 나를 탄탄하게 받쳐 주고 있는 거였더라고.

참 다행스럽게도 말이야.

무책임한 말 한마디

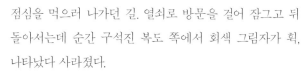

점심을 먹으러 나가던 길. 열쇠로 방문을 걸어 잠그고 뒤돌아서는데 순간 구석진 복도 쪽에서 회색 그림자가 획, 나타났다 사라졌다.

삽시간에 온몸이 굳었다. 너무 놀라서 목소리도 안 나왔다. 그 짧은 순간에 별별 생각이 다 들었다.

'도둑인가? 청소하던 직원인가? 아니면 내가 잘못 본 거?'

그런데 왜 사람이 촉이란 게 있지 않나. 저 모퉁이 너머에 분명 누군가가 있다. 다시 방문을 열고 들어가기엔 뒤에서 덮쳐 올까 무서웠고, 그대로 가던 길을 가자니 정면으로 마주칠 그 얼굴이 두려웠다. 별수 없었다. 힘없고 겁 많은 인간이 할 수 있는 최적의 선택이란, 결국 냅다 소리를 지르는 것뿐.

"거기 누구야!!! 당장 꺼져!! 죽여 버리기 전에!!"

거의 발광에 가까운 수준으로 꽥 소리를 질렀는데 아니나 다를까 숨어 있던 녀석이 펄쩍 튀어나왔다. 이제 갓 스물쯤 됐을까 싶은 어린 남자가 깜짝 놀란 (척하는) 표정으로 날 쳐다본다.

"미쳤어??!!! 뭐하는 짓이야!! 거기 왜 숨어 있었어!!"

"오~ 미안! 난 내 친구인 줄 알고 놀래 주려고 했어."

"거짓말하지 마!! 이쪽엔 내 방밖에 없는데 뭔 놈의 친구는 개뿔!!"

거짓말이다. 저건 억울하고 당황한 사람의 표정이 아니야.

때로는
빗방울도
맞겠지만

215 page

내가
그곳에
있었을 때

갑작스러운 소란에 아래층에서 직원들이 우르르 뛰어 올라왔다. 몇몇 투숙객들도 방문 너머로 빼꼼히 머리를 내밀었다. 겁을 집어먹은 다리가 후들후들 떨렸지만, 그래도 지원군이 생겼단 생각에 나는 한껏 목소리를 높여 "저 자식이 여기 숨어 있었어! 분명 나한테 뭔 짓을 하려고 했던 게 틀림없어!" 하며 다다다 쏘아댔다.

설명을 듣자 하니, 그 남자는 이 게스트하우스에 머무는 투숙객이었고 제 말대로 친구 몇 명과 함께 같은 방을 쓰고 있는 게 사실이긴 했다. 허나 친구를 놀라게 하려 했다던 주장이 말이 안 되는 게, 남자가 숨어 있던 장소는 그가 머문다던 방과 아예 층이 달랐고 심지어 그 안쪽 복도에 머무는 사람은 딱 나 하나뿐이었다. 방에서 언제 나올지도 모르는 제 친구를 놀래키려고 굳이 다른 층 복도에 나와 대기를 타고 있었다? 이게 말이나 되나. 차라리 저 끝 방에 투숙하는 코리안에 호기심이 생긴 나머지 나도 모르게 이쪽으로 걸어와 버렸다고 솔직하게 말하는 게 훨씬 화가 덜 날 것 같았다.

거짓말이라는 확신이 들자 나는 더 세게 나가기로 했다.

"경찰에 신고해 줘요! 빨리! 나 저놈 가만 안 둬둘 거야!"

근데 냅다 경찰서에 전화를 걸어 줄 거라 생각했던 직원이 갑자기 머뭇머뭇거린다. 그러곤 남자의 친구들이 다가와 자기들끼리 뭐라 뭐라 쑥덕이더니 한참 후에 내게 대뜸 사과를 했다.

"미안, 정말 미안해."

"뭐래! 됐어! 필요 없으니까 경찰이랑 얘기해!"

"이봐. 좀 봐 줘라. 무슨 일 난 것도 아니잖아. 그리고 저렇게 사과까지

하는데 그냥 좀 받아 주면 안 돼?"

설상가상으로 이번엔 직원까지도 저 남자의 편을 든다. 나는 속이 타 죽겠는데 내 편이 아무도 없다. 뒤에서 계속 'Sorry~'만 연발해대고 있는 하나도 안 미안한 표정의 저놈도 너무너무 얄미웠다. 부들거리는 몸은 진정이 안 되고 언어가 짧아 화조차 제대로 낼 수 없으니 진짜 미칠 노릇이었다.

나는 한참을 그렇게 펄펄 열을 올리다 결국 짐을 싸들고 그 숙소를 나와 버렸다. (바보 같고 답답한 결정이지만 어쩔 수 없었다. 내가 할 수 있는 조치 중 이게 최선이었다.)

이 일을 겪으면서 하나 느낀 게 있는데, 이 '미안하다' 말이 참 생각보다 참 무책임한 말이더라고. 아니, 나는 놀라서 죽겠고 무서워 죽겠고 제 놈 장난질 하나에 온몸이 부들부들 떨려 죽겠는데, 상대는 고작 '미안~' 한마디 던지고 나면 그만인 건가? 그럼 그다음은?

나는 그 이후로 방문을 열 때마다 등골이 오슬오슬하고 손이 떨리는데 이 트라우마는 누가 책임질 건데? 그렇게 나한테 칼자루 다 떠넘겨 버리고 저만 맘 편하게 '난 사과했으니 된 거야' 하면 끝인 건가? 그렇게 미안하다고 몇 마디 던져 놓고 다들 내 입만 쳐다보고 있으면 나보고 뭐 어쩌라고. 그렇게 '자, 이제 너만 용서해 주면 이 상황은 끝나는 거야'란 식으로 몰고 가 버리면 결국 또 나만 나쁜 년 되는 거잖아. 너는 사과를 했는데 내가 안 받았으니 결국 나만 못된 사람 만들 거잖아.

때로는
빗방울도
맞겠지만

217 page

내가
그곳에
있었을 때

와, 암만 생각해 봐도 이건 진짜 진짜 불공평하고 너무너무 무책임한 거 아냐?

사과가 오히려 화를 부추길 수도 있다는 사실을 전혀 모르고 살았다. 면피용으로 일단 막 내뱉고 보는 '미안', 이 한마디가 사람 속을 어디까지 뒤집을 수 있는지도 그간 생각해 본 적이 없었다.

근데 이제 확실히 알겠다. 연인들 사이에서 '미안하면 다냐?'란 말이 왜 나왔는지. 왜 사람들이 성의 없는 사과보다 차라리 정성 들인 변명이 더 낫다 말하는 건지 직접 그 상황에 놓여 보고 뼈저리게 당해 보니 이제야 확실히 이해가 되더라고.

야 너. 인생 그렇게 살지 마.
나한테 행패 부렸던 거 결국엔 다~~ 너한테 되돌아갈 거다.
이 나쁜 놈.

P.S. 7년 전 내가 인도를 처음 갔을 때 겪은 일이다. 참 아쉽다. 요즘 같았으면 대번에 핸드폰으로 경찰에 신고부터 때리고 아주 제대로 엿 먹일 수 있었을 텐데. 저 때 왜 이렇게 대충 넘어가 줬는지 후회스러울 따름이다.

때로는
빗방울도
맞겠지만

내가
그곳에
있었을 때

미안해, 워터 보이

배고픈데 라시나 한 잔 사 먹어 볼까 싶어 밖으로 나왔다. 신 나는 걸음으로 총총 1층으로 내려오는데 발소리를 듣고 누가 빼꼼히 고개를 내민다.

"어디가?"

"라시 사 먹으러~"

"라시? 그거 말고 그냥 물 마셔 물~! 하나에 20루피!"

한 열여덟쯤 됐을까 싶은 어린 남정네. 나는 요 귀여운 남자를 '워터 보이'라 불렀다. 눈 마주칠 때마다 '물 안 필요해?' 물어보고, 방문을 열고 나오기가 무섭게 '물 마셔야지! 물물!!' 하며 나를 졸졸졸 따라다니는 이 녀석. 내가 묵고 있는 숙소에서 물이나 휴지, 껌 등을 팔아 용돈 벌이를 하는 숙소 주인의 조카다. 물건을 팔아서 버는 돈은 족족 자기 주머니로 들어가는 건지 사람들을 볼 때마다 그저 물 한 병만 사라고 그렇게 들들 볶아댄다. 이미 샀다고 말 해봐도, 심지어 손에 2L짜리 물통을 뻔히 들고 있어도 막무가내로 '물 사라고 물!' 하며 닦달하는 통에 가끔은 성가시기까지 했다.

"이봐 워터 보이, 어제 물 사 줬잖아~. 나 지금은 라시 먹으러 갈 거야"

"아 그냥 물 마셔어어!! 응? 20루피! 아 얼마 안 하잖아아~"

"아 거 참, 사람 성가시게 하네!!"

한창 실랑이를 하고 있는데 뒤따라 나오던 동생들이 우릴 보며 킥킥 웃는다.

"워터 보이래, 완전 웃겨. 푸흐흐"

"언니, 별명 완전 딱이에요~!"

그날 이후로 그 소년은 약속이나 한 듯 우리 한국인들 사이에서 '워터 보이'라 불리기 시작했다. 몇 명이 그리 부르기 시작하자 동네 인도인들에게까지 삽시간에 소문이 퍼졌다. 숙소 주인아저씨도, 그 옆 탈리집 아주머니도 너나 할 것 없이 그를 지나칠 때마다 "어이! 워터 보이! 오늘은 물 많이 팔았어~?" 하며 놀려댔고, 심지어 오늘 처음 온 한국인마저 "워터 보이가 누구야?" 하며 물어보기에 이르렀다.

때로는
빗방울도
맞겠지만

223 page

내가
그곳에
있었을 때

상황이 이쯤 되자 처음에는 장난으로 웃어넘기던 그도 슬슬 이 워터 보이란 별명이 듣기가 싫었나 보다. 하지 말라고 손사래도 치고, "아, 그렇게 부르지 말라고요!!" 하며 항의도 해 봤으나 이미 한번 굳어진 워터 보이의 이미지는 어쩌질 못한 건지 그놈의 소문은 진정될 줄을 몰랐다.

그렇게 그에 대한 소문이 퍼져 나가고 있던 어느 날,
결국 워터 보이가 내게 우다닥 달려와 소리를 빽 질렀다.
"야!! 너 때문에 지금 온 동네 사람들이 나보고 워터 보이라 놀리고 난리도 아니야!!
어쩔 거야!! 어쩔 거냐고!!"

신입 사원 시절. 나는 아주 깜짝 놀랄 만큼 어처구니없는 실수들을 매일매일 연발했다. 컴퓨터에 있는 프로그램을 삭제하라는 말에 바탕화면에 있던 아이콘을 휴지통으로 집어넣곤 "삭제했습니다! 팀장님!" 한 적도 있고. 엑셀 파일에 있는 수치들을 합산해서 가져오라는 지시에 계산기를 꺼내 하나하나 두들기다가 팀원들을 놀라 자빠지게 한 적도 있었다.
상황이 이렇다 보니 나는 단박에 회사 내 '공식 놀림거리'로 등극했다. 각종 회의나 회식, 혹은 단합 대회가 있을 때마다 사람들은 내가 저지른 실수들을 꺼내어 안줏거리로 삼았고, 덕분에 별로 친하지 않았던 옆 팀 사람들까지도 '현지 씨, 뜻밖에 컴맹이었네요.' 하며 놀려대기에 이르렀다.

처음에는 별문제가 될 게 없었다. 당시엔 취업 실패에 대한 아픔을 극복하느라 회사에 정을 못 붙이고 있을 때였는데, 그렇게 '놀릴 거리'가 딱 생겨버린 덕에 사람들과 좀 더 빨리 친해질 수 있었기 때문이다.

근데 그것도 시간이 지나니까 슬슬 부작용이 나타나더라. 자꾸자꾸 실수를 거론하고 놀려대도 늘 웃어넘기고 화 한번 내질 않았더니 어느 순간 나는 '그래도 되는 사람'이 되어 버렸던 거다. 성별이나 직급과 관계없이 점점 사람들은 컴퓨터와 관련한 이야기만 나오면 날 소재로 삼아 듣는 앞에서 놀려댔고, 그런 상황이 이미 익숙해진 다른 이들은 내 기분은 안중에도 없다는 듯 손뼉을 치며 웃어댔다.

어딘가 기분이 나빴다.

없는 이야기를 한다거나, 나에 대해 어떤 욕을 하는 건 아니었지만 그래도 어쨌거나 누군가의 입에 쉴 새 없이 오르내린다는 건 그다지 유쾌한 일이 아니었다.

그런데 이런 상황에서도 화 한번 제대로 내보질 못했다. 분위기를 망칠 것 같아서다. 다들 재미있게 웃고 떠드는 분위기에 갑자기 화를 내는 게 좀 이상하기도 했고, 그냥 나 하나만 잘 참고 넘어가면 해피 엔딩으로 마무리될 걸 괜히 화를 냈다가 팀 내에 분란만 일으킬까 봐 신경이 쓰였던 것도 있었다.

좋게 돌려 말하면 알아듣질 못하고, 화를 내기엔 뭔가 애매한 그런 분위기. 그래서 나는 꽤나 오랫동안 그 허당 이미지를 안고 살았다. 많은 사람들의 입에 오르락내리락 웃음거리가 된 채, 시도 때도 없이 개그 소재로 소환당해 가면서.

때로는
빗방울도
맞겠지만

225 page

내가
그곳에
있었을 때

"으~ 살려 줘!!!"

"사과해!! 사과하라고!!!"

"미안해 미안!! 내가 완~~전 미안해!! 다신 안 그럴게. 용서해 줘 Please!"

분위기는 장난스러웠지만, 미안하다는 말만큼은 진짜였다. 이 와중에도 사람들은 '야! 너 그래도 현지 덕에 물 많이 팔았잖아!!' 하며 놀려 댔지만 그래도 나만큼은 같이 웃지 않기로 했다. 멋대로 그를 놀림거리로 만들어 버린 것에 대한, 일종의 반성의 의미로.

사람이 참 이렇다.

내가 당해 봐 놓고도 그새 까먹고 또 남에게 함부로 말을 휘두른다.

난 저러지 않아야지, 절대 함부로 누굴 놀리지 않을 테야.

그리 다짐하고 다짐해 놓고도. 아주 손쉽게도 내가 너를 '그래도 되는 사람'으로 만들어 버렸구나.

컴퓨터에 익숙지 못한 사람을 '컴맹'이라 명명하는 게 잘못된 것은 아니듯, 생수를 파는 소년을 '워터 보이'라 부르는 게 크게 틀린 말은 아닐 거다. 허나 그르지 않은 말이라 할지라도 여러 사람한테 자꾸 반복해서 듣다 보면 결코 기분이 좋을 수 없다. 생각해 보라, 저 하나 바보 만들어서 다 같이 웃고 떠드는 걸 도대체 언제까지 참아 줄 수 있겠는가.

그러니 우리는 말 한마디, 별명 한 자락 지어 부르는 것조차 그 혀끝에 책임이 따른다는 것을, 내 입에서 튀어 나간 단어 몇 개가 누군가에게 원치 않는 프레임을 만들어 버릴 수도 있단 사실을 항상 기억하고 살아야 할 테다.

P.S. 이곳을 떠나는 날 워터 보이가 물었습니다.

"야, 근데 네 책에 내 이야기도 나오냐?"

"글쎄, 왜?"

"기왕 쓸 거면 내 얼굴도 같이 넣어 줘. 그럼 물 한 병이라도 더 팔 수 있을지 모르잖아."

참, 끝까지 물물물이더라구요. 기왕 이렇게 된 거, 한 10년 뒤엔 워터 보이가 생수 회사 사장이 돼 있었으면 좋겠습니다. 회사 이름은 '워터맨' 정도? 으흐흐.

때로는
빗방울도
맞겠지만

227 page

내가
그곳에
있었을 때

일말의 성의라도 보여라

20시간 이상을 이동해야 하는 기차 안. 한 일주일은 안 씻은 거 같은 옆 사람의 발 냄새를 맡아 가며 몇 시간째 달리고 있는데 갑자기 어디선가 더러운 손 하나가 불쑥 나타난다.

"아 깜짝이야!!"

손바닥을 따라 쭉 시선을 올려보니 웬 거지 아저씨 하나가 썩어 문드러진 이빨을 드러내 놓고 씩 웃는다. 뻔하다. 또 한 몇 푼 쥐여달라는 게지.

주머니를 뒤적뒤적거려 아까 생수랑 도시락을 사고 남은 돈 2루피를 아저씨 손에 턱, 올려놨다. 그런데 이만하면 갈 줄 알았던 아저씨가 호구 하나 물었다 싶었는지 아예 내 맞은편에 떡 자리를 잡고 앉아 버리는 거다. 인도 거지들 중에 가끔 이렇게 염치없는 인간들이 하나씩 나타나긴 한다. 달라는 대로 순순히 내줬으면 적당히 받고 갈 것이지, 꼭 이렇게 질척이며 들러붙어서 줬던 것도 도로 뺏고 싶게 만든다니까??

못마땅하게 쳐다보고 있자니 아저씨가 손가락으로 뭘 가리킨다.

"왜요."

"그 가방…"

아저씨가 가리킨 건 무려 목숨만큼이나 소중한 내 보조 가방이었다. 여권은 물론이고 노트북, 카메라와 같은 온갖 '귀하고 비싼 것'들이 들어있는 가방이라 잘 때도 꼭 끌어안고 자는 건데, 지금 이 어이없는 아저씨가 언감생심 이걸 노리는 거야?? 그것도 이렇게 대놓고?

"뭐, 이거 달라고요?" 하니 고개를 끄덕끄덕.

때로는
빗방울도
맞겠지만

229 page

내가
그곳에
있었을 때

와, 이렇게 밑도 끝도 없이 우겨 버리시면 없던 전투력도 상승하지. 안 그래도 4시간째 앉아 있느라 인내심에 한계를 느끼는 중인데 이 아저씨가 또 사람을 살살 긁네 긁어.

"내가 왜요?"

"그건 원래 내 거였으니까."

"뭐라고요?!"

"사실 그건 전생에 내 거였어. 방금 그걸 보니 내가 전생에 잃어버렸던 물건이란 게 떠올랐지 뭐야. 그러니 이제 그만 돌려주련?"

내 이런 어이없는 거지를 봤나!!

"하, 저기요 아저씨. 지금 들고 있는 그 돈주머니, 그거 나 좀 줄래요? 나도 곰곰~이 생각해보니까 아, 글쎄 그게 원래 전생에 내 거였더라고?? 나도 아저씨를 보니까 없던 영감이 막막 떠오르네?? 내가 전생에 아저씨 였나봐?? 그럼 어디 내놔 보시죠!"

그러면서 훌쩍 팔을 뻗으니 화들짝 놀라면서 허둥지둥 도망간다. 잔뜩 인상을 쓰고, 별 미친년 다 보겠다는 표정으로.

그러게 적당히 하고 사라지시지 건들긴 왜 건드려.

저 아저씨 진짜 남의 돈 날로 먹으려 드시네.

사실 여행하다 보면 이런 되지도 않는 사기를 치는 인간들을 밥 먹듯 만나게 된다. 가령 사진을 찍어 주겠다 해 놓곤 카메라를 들고 튄다거나, 자전거를 대여하는 대가로 거의 자전거를 한 대 사는 만큼의 돈을 내라고 하는, 뭐 그런 종류의 일들.

그런데 이런 각종 '사기'에도 일말의 예의란 게 있는 거다. 적어도 남의 주머니를 털어먹겠다는 마음을 먹었으면 최소한 전략이라도 세우던가, 그게 아니면 정성이라도 쏟아야 하는데 이건 뭐 입 몇 번 살살 털어서 공돈 얼을 생각만 하고 앉아 있으니 돈 주는 입장에선 심사가 뒤틀리는 게지.

마두라이에 머물던 당시, 희한하게 나만 발견하면 쪼르륵 달려와서 팔찌 꾸러미를 내밀던 어떤 꼬마가 있었다. 내가 일정한 시간에 외출을 했던 것도 아닌데 도대체 어디에 숨어 있다가 그렇게 귀신같이 나타나는 건지. 그렇게 구석 어딘가에서 잠복해 있다가 불쑥 나타나서는 '하나에 20루피! 제발 하나만 사 줘 응?' 하고 팔뚝을 잡고 매달린다. (황당한 건, 그 전날에는 분명 하나에 30루피였고, 그 전전날에는 35루피였다. 뻐기면 뻐길수록 날로 가격이 내려간다.)

근데 그것도 한 일주일이 지나가니까 슬슬 기특한 마음이 들기 시작하더라. 인도에서 만난 거지들은 그저 내 여행을 귀찮고 성가시게 만드는 파리와 같은 존재라고 생각했었는데, 지금 요 귀여운 꼬마 애 하나가 그 이미지를 조금씩 조금씩 뒤집은 거다. 심지어 내가 알고 있던 '거지 근성'이라는 단어의 정의조차 이 정도면 좀 바뀌어야 하는 거 아닌가 싶을 정도.

"두 개 사면 35루피, 아니! 30루피에 줄게!! 두 개 싫으면 하나만 사 줘도 돼! 응??"

그래, 내가 졌다 졌어.

이 정도 정성이면 한 번쯤은 알고도 속아 줄 만하지 싶다.

결국은 바닥에 주저앉아 꼬마가 내민 팔찌 꾸러미를 찬찬히 들여다봤

때로는
빗방울도
맞겠지만

231 page

내가
그곳에
있었을 때

다. 그나마 좀 내 스타일인 게 있나 싶어서. 근데 웬걸, 하나는 아예 구
슬이 다 깨졌고, 또 어떤 건 나무 장식에 쩍 금이 가 있다. 고무줄이
다 터진 것도 있었고 이음새는 어디다 팔아먹었는지 끝 부분이 실로
너덜너덜하기도. 와, 내가 이걸 돈 주고 사야 한다니.
순간 내가 이것들을 왜 들여다보고 있나 싶어 헛웃음이 나왔지만 그
래도 기왕 속아 주기로 한 거. 그중에서도 제일 상태가 덜 심각해 보이
는 놈을 고르려 열심히 그 꾸러미를 뒤적이고 뒤적였다.

내가 인도에서 만난 거지 중에 진심으로 마음이 동했던 사람은, 이 세
상 신을 혼자 다 모시는 것 마냥 '있어 보이는 척' 하던 가짜 수도승도,
뻔뻔하게 손을 내밀며 "밥 좀 먹게 돈 좀 내봐 봐"라던 할아버지도
아닌, 바로 그 아이. 땡볕을 뚫고 몇 날 며칠을 얼굴을 디밀어 '제발 이
거 하나만 사 줘!'라고 그저 애원하던 그 키 작은 어린아이 단 하나였
다. 화려한 언변도, 눈 돌아가게 아름다운 구슬 팔찌도 없었지만, 그냥
무작정 '나 좀 봐 달라'며 끈질기게 찾아오던 그 정성 단 하나.
그 꾸준한 노력 하나로 결국엔 내게서 그토록 원하던 20루피를 빼갈
수 있었던 거지.

그래, 뭘 하든 이 정도는 되어야 한다. 아무것도 가진 게 없으면 이런
근성이라도 있어야 한다. 날 때부터 죽을 때까지 이것저것 손에 다 가
지고 산다면 얼마나 좋겠느냐만, 안타깝게도 그리되지 못했다면 적어
도 남의 돈 무서운 줄 알고 저 정도의 노력 정도는 보여야 하는 거다.
그래야 노력이 가상해서라도 '아, 이만하면 속아 줄 만하다' 하며 단돈

때로는
빗방울도
맞겠지만

내가
그곳에
있었을 때

몇 푼이라도 꺼내 주지. 같지 않은 말 몇 마디로 내 보따리까지 내놓으라 하던 그 거지 아저씨랑 참 비교가 되지 않을 수 없다.

앞으로 이런 정신으로 한번 살아 보는 것도 참 멋지겠다 싶다. 나는 가졌다면 가졌고 못 가졌다면 한없이 못 가졌을 그런 평범한 인간으로 태어났지만, 그래도 하고 싶은 게 있고 되고 싶은 게 있으니 그거 하나 열심히 붙들고 근성 있게 매달리다 보면 뭐가 돼도 되지 않을까? 거지라고 다 같은 거지가 아닌 것처럼, 결국엔 내 간절함의 크기에 따라 인간이라고 다 같은 인간이 아닌 게 될 테다. 저리 죽도록 노력하다 보면, 나도 언젠가 세상에 꽤나 진한 기억을 남기는 멋진 작가라 불리는 날이 꼭 한 번쯤은 와 주겠지. 그리 한번 믿어 보련다.

어이, 거기 꼬마 너.

고맙다.
일주일째 날 따라다녀 줘서.
구질구질한 팔찌 바구니를 들고 다녀 줘서.
그렇게도 끊임없이, 나에게 20루피를 구걸해 줘서.
정말 정말 고마워. 덕분에, 내가 참 좋~은 걸 배워 간다.

나를 잊지 말아요

바르깔라에서 사귄 동갑내기 친구 쩌꾸. ('쩌꾸'는 케랄라 말리아람어
로 '작은 아기'라는 뜻인데 실제로도 쩌꾸는 진짜로 작고, 또 귀여웠
다.) 게스트하우스 스태프와 투숙객으로 만난 우리는 같이 아이스크
림도 사 먹고, 일몰도 보고, 서로의 언어를 가르쳐 주기도 하며 그렇게
꽤나 가깝게 지냈었다. 결혼해서 토끼 같은 자식까지 있는 남자가 어
떻게 이렇게까지 어린아이 같을 수 있는지 신기할 지경. 뭐라 설명할
수는 없지만, 쩌꾸와 함께 놀고 있을 때면 마치 코흘리개 어린 시절로

돌아간 것 같은 그런 편안함이 있었다.

그러다 바르깔라를 떠나기 며칠 전, 기차표를 예매한 후 찌꾸에게 이 곳을 떠나 깐야꾸마리로 간다고 말했다. 예상대로 녀석은 꽤나 괴로 운 표정을 지었다. 실은 찌꾸가 이렇게 나올 줄 이미 예상하고 있었다. 아무에게나 빨리 정을 나누어 주고, 누군가와의 이별을 죽도록 무서 워하는 그 성격이, 언젠가는 나와의 헤어짐에서도 어김없이 발동하리 라 확신했었으니까.

때로는
빗방울도
맞겠지만

내가
그곳에
있었을 때

"조금만 더 있다가 가면 안 돼?"

근데, 어쩌겠나. 나는 가야 한다. 어차피 나는 떠날 사람이다.

그게 내일이 됐건, 한 달 뒤가 됐건 어차피 이별이란 건 아프고 힘든 일이니, 기왕 맞을 매라면 미루지 말고 적당한 때에 쿨하고 깔끔하게 맞고 치우는 게 훨씬 나은 것이리라.

시무룩한 그 표정을 보고 있자니 괜히 마음이 복잡해져 오늘은 저녁 내내 방구석에 처박혀 있었다. 그냥 뭘 해도 의욕이 안 생겼다. 온종일 굶어도 배도 안 고팠고, 밖에서 일행들이 재미나게 떠들어대도 전혀 궁금하지가 않았다. 그래서 그간 널브러뜨려 놓은 짐도 좀 정리하고, 컴퓨터 여기저기 마구잡이로 저장해 놓은 일기들도 한데 모으며 그렇게 홀로 낮 시간을 보냈다.

그러다 깜빡 잠이 들었나 보다. 으슬으슬한 느낌에 눈을 떴을 때는 이미 밤 10시. 무슨 일인지 밖이 꽤나 소란스럽길래 하품을 쩨지게 하며 로비로 비적비적 걸어나갔다.

"어, 누나 일어났어요? 이것 좀 봐요! 이거 누나예요!!"

"뭔데 이게?"

"찌꾸가 누나 그린 거예요. 장난 아니죠?"

시커먼 물감으로 뭘 그렇게 그려대나 했더니 그게 나란다. 긴 머리에, 원피스를 입은. 동화에나 나올 것 같은 예쁜 배경 속에 서 있는 저 여자가, 바로 나라고.

"현지. 이거 내가 현지랑 한국인 친구들한테 주는 선물이야."
얼굴에 검댕을 덕지덕지 묻힌 찌꾸가 날 보며 씩 웃는다. 오전에 보았던 서운한 표정도, 가지 않으면 안 되느냐며 우울해 했던 눈망울도 사라졌다. 이번엔 그저 내가 "어머! 완전 예쁘다~ 정말 고마워~!" 하며 호들갑 떨어 주길 기대하는 귀여운 얼굴만이 있을 뿐.

"너희 생각날 때마다 이 그림 보면서 참을게. 기다리고 있을 테니까 꼭 돌아와야 해."
얼굴을 보는데 이상하게 마음이 울컥한다.
어딘가 기쁜 것 같기도 하고, 또 한편으론 슬픈 것 같기도 했다.
돌아오란다. 기다리고 있겠단다.
내가 뭐라고. 나를 왜 기다려? 왜 나를 기억해?
우린 그냥 잠시 머물다 어느 날 휙 떠나갈 그저 그런 배낭여행자일 뿐인데.
멀쩡했던 가슴이 순식간에 요동치기 시작한다. 기차표를 끊던 그 순간에조차 잘 참아냈던 눈물이 기어코 터졌다.

그래, 이거였나 보다. 겉으론 찌꾸를 걱정하는 척했지만, 결국엔 나도 찌꾸한테 잊혀지는 게 싫었던 건가 봐. 너무 빨리 후루룩 까먹어 버릴까 봐 겁이 났었나 봐.
이제야 알겠어. 오늘 온종일 우울했던 이유, 밥도 먹기 싫고, 나가 노는 것도 만사 귀찮게 느껴졌던 이유가 무엇이었는지를.

때로는
빗방울도
맞겠지만

239 page

내가
그곳에
있었을 때

"찌꾸… 저게 뭐야. 나 뒤통수 저렇게 납작하지 않아, 좀 더 통통하게 그려 봐봐."

울컥한 마음을 숨기려 괜히 한번 툴툴거려 본다. 물감을 들었다 놨다 하며 장난도 쳐 본다. 그제야 찌구도 함께 웃는다.

"현지! 다음에 인도 오면 꼭 우리 집에 초대할게."

"칫, 알겠어. 찌꾸 너 그동안 내 얼굴 까먹지 말고 꼭 기억해야 한다!!"

"그래그래~ 알았어~ 절대로 절대로 안 잊을게!!"

마냥 웃었다. 웃지 않으면 눈물이 계속 흐를 것만 같아서. 그렇게 나는 며칠 뒤 깐야꾸마리행 기차를 타야 한다는 것도, 그걸 타고나면 앞으로 몇 년 뒤가 될지 모를 '다음'을 기약해야 한다는 것도 잊은 채, 그냥 그렇게 스태프들과 한국인들이 한자리에 모여 시끄러운 밤을 보냈다. 그 어느 때보다도 시끌시끌하고, 왁자지껄하게.

때로는
빗방울도
맞겠지만

내가
그곳에
있었을 때

가끔은 헷갈릴 때가 있다.

내가 지금 똑바로 가고 있는 게 맞는 건가.
진짜 내 길을 제대로 선택한 게 맞을까.

혹시 그냥 오래 해 왔을 뿐인 걸 잘하는 거라 착각하며
그렇게 삼십 년 평생을 잘못된 길로 꾸역꾸역 걸어왔던 건 아니었을지
이따금 겁이 나기도 한다.

근데, 그래도 아직은 놓질 못하겠다.
아직은 지쳐 나가떨어질 만큼 전속력으로 달려 보질 못했으니까
죽을힘을 다해 버텨내 보지도 않았으니까
왠지 지금 여기서 포기한다면
죽을 때까지 두고두고 후회할 것만 같아서

그래서 나는 아직 조금 더 해 봐야겠다.
스스로 '아 젠장, 이 길이 아니었구나' 싶을 때까지
혹은 '역시!! 내 감이 맞았어!' 하고 환호성을 지를 때까지
일단은, 좀 불안하고 아슬아슬할지라도
계속 계속, 가던 길 끝까지 밀고 나가 보자.
서두르지 말고. 멈추지도 말고.

때로는
빗방울도
맞겠지만

내가
그곳에
있었을 때

#3

에스프레소를 닮은 눈동자여

생일 축하합니다

여행이 길어지다 보면 타지에서 생일을 맞는 경우가 종종 있다. 마말라 푸람에서 만난 한 언니도 그중 하나. 미리부터 알고 있었던 다른 동행이 생일 주인공을 위해 선물을 준비했다. '저, 이거 별건 아니지만…' 하며 내민 꾸러미엔 모두를 경악시킬 아주 특별한 선물이 들어 있었다.

"워~! 대박!! 이거 어디서 구했어!!"
"이거 진짜 나 줘도 돼?? 이렇게 귀한 걸?"
수줍게 내민 그 선물은 다름 아닌 '짜·파·게·티'.
한국에선 천 원도 안 되는 돈으로 쉽게 구할 수 있는 물건이라지만 인도에선 전혀 다른 차원의 문제다. 참치 캔 하나에 '우워어!!!' 감탄하고, 고추장 튜브 한 팩에 영혼을 팔듯 달려드는 이 남인도에서 무려 짜파게티라니!!
세상에~~. 이 언니 계 탔네, 계 탔어. 평생 기억에 남겠는걸?
아니나 다를까 벌써 그렁그렁 한다. 짜파게티를 요리조리 훑어보다 찰칵 인증샷도 찍는다.
굳이 말 안 해도 알 것 같다. 저건 선물을 받아서가 아니라 그냥 나를 챙겨 준 거 자체가 기쁜 거다. 부담될까 싶어 일행들한테 생일이란 말도 못 했을 텐데 저리 알아서 챙겨 주니 얼마나 고맙겠나. 아마 나 같으면 펑펑 울고도 남았다.

에스프레소를
닮은
눈동자여

내가
그곳에
있었을 때

"사랑하는 언니의~ 생일 축하합니다!!"

"고마워~~! 요 귀여운 것들!!"

선물이란 건 이처럼 '허를 찌르는 센스'가 참 중요한 것 같다.

예상치 못하게 뜬금없이 받게 된 선물.

기대하지도 않았는데 갑자기 나를 챙기는 누군가의 정성.

비싸지 않더라도, 있어 보이는 메이커 선물이 아니더라도 사람들은 이런 작은 마음 하나하나에 감동하고 또 눈물을 흘리더라고.

누구에게나 생일이란 건 일 년에 단 하루밖에 없는 꽤 스페셜한 날이다. 그건 곁에서 챙겨 줄 가족이나 친구들이 없는 여행길에선 두 배로 특별해진다. 그래서 평소엔 혼자인 걸 아무렇지 않아 하던 사람도 막상 생일이 되면 괜히 조용한 방 안이 서럽고 텅 빈 식탁이 외롭다 느끼는 거겠지.

사실 다 같이 배낭 메고 여행하는 처지에 선물 같은 게 뭐 그리 중요하겠나. 그저 외롭지 않게 함께 있어 준 것 자체로 이미 충분히 즐겁고 만족스러울 테다.

우리가 아니었다면 인도에서 홀로 생일을 보낼 뻔했다던 그 언니.

다만 곁에 있었다는 이유로 고맙다는 소리를 열 번도 더 들었던 어느 저녁이다.

딱, 대한민국 평균

함께 방을 쓰게 된 동생이랑 새벽에 수다를 떨다가 이런 이야기를 한 적이 있다.

H "언니, 사실 난 내가 쫌 멋지게 살고 있다고 생각했었다?"
나 "응, 그런데?"
H "근데 여행을 나와 보니까 아니더라. 세상에는 내가 생각했던 것보다 대단한 사람이 훨씬 많더라고."
나 "큭큭. 그렇긴 해. 한때는 이 세상에서 내가 제일 빡세게 살았다 싶다가도, 또 사람들을 만나 보면 그게 아닌 거야. 내 고생은 고생도 아니었던 게지."
H "응. 그래서 깨달았지. 난 정말 누구보다 normal한 인생을 살고 있는 거라고. '아, 난 진짜 딱 대한민국 평균이구나' 하면서."

그녀의 이야기에 격하게 공감했다. 나도 적잖이 그런 생각을 할 때가 있었으니까. 난 나름 인생의 굴곡도 많았고, 패기라든지 열정 같은 것도 좀 남다른 인간이라 여겨왔건만. 막상 배낭을 메고 여행을 나와 보니 나 같은 건 참 아무것도 아닌 거더라. 나 정도로 고생하며 산 사람은 이 세상에 차고 넘쳤고, 내가 자랑거리라 여기던 그 무엇이 누군가에겐 너무나 당연하고 흔한 것임을 깨달을 때가 한두 번이 아니었으니까.

에스프레소를
닮은
눈동자여

내가
그곳에
있었을 때

같은 게스트하우스에 머물던 사람들끼리 워킹 홀리데이를 주제로 이야기를 나눈 적이 있었다. 다들 여행을 좋아하는 사람들인지라 워킹 홀리데이 프로그램에 대한 관심이 지대했는데 아무래도 다녀와 본 적이 있는 내가 가장 해 줄 말이 많았다.

워킹 신청 서류를 준비하던 과정, 한국어 교사 활동은 어떻게 진행했는지, 그리고 레스토랑 서버 일은 어찌 구했는지에 대한 이야기를 줄줄 늘어놓고 있는데 옆에서 듣고 있던 오빠가 그런다.
"그럼 너는 워킹 가서 얼마나 모았어?"
사실 조금 기다렸던 질문이긴 했다. 캐나다에서 두둑하게 불려 나갔던 월급 통장이 내심 자랑스러웠으니까. 온전히 내 힘으로 돈 모아 집세도 내고, 공부도 하고, 여행도 했던 그 시절이 나 스스로 생각하기에도 좀 멋있었달까.
에헴. 그렇담 기왕 멍석 깔아 준 거, 아예 대놓고 자랑질해보실까?
"나 그때 일 년 동안 꽤 많이 모았었어. 아마 천만 원 정도?"
그랬더니 다들 눈이 동그래졌다.
'우와!! 진짜요? 나도 당장 캐나다 갈래!!!' 하며 난리도 아니다.

음~ 좋아 좋아. 바로 이런 반응이지. 이 언니가 캐나다 있을 시절에 쫌 많이 열심히 살았단다. 그게 바로 다~ 새내기 시절부터 죽도록 알바를 해 본 내공이 있어서인 게야.
일행들은 옆에서 레스토랑 서버 팁은 얼마나 됐었는지, 일은 힘들지 않았는지 등을 물으며 나의 캐나다 라이프에 폭발적인 관심을 보였다.

그렇게 순식간에 이야기의 주인공이 되어 느긋하게 관심을 즐기고 있을 즈음, 귀퉁이에서 가만히 이야기를 듣던 한 언니가 한참 후에 입을 열었다.

"난 호주 워킹 가서 한 달에 천만 원 벌었는데."

헉. 뭐라고???

그녀는 단 한마디로 사람들의 시선을 휘어잡았다. 내가 상상도 하지 못한 곳에서 '진짜'가 나타났다.

"헐?!! 한 달에 천만 원?? 그게 가능해요?"

"대~박!! 나도 호주로 가야겠어요!!"

굉장히 놀랍게도 그 언니와 함께 농장 일을 했던 동료들 대부분이 한 달에 천만 원쯤은 우습게 벌었단다. 잘 곳 있겠다, 밥도 주겠다. 농장에서 일하다 보면 그 정도 버는 건 일도 아니었다고.

그런 엄청난 이야기를 아무렇지 않게 말하는 그녀를 보며 나는 순식간에 얼굴이 벌겋게 달아올랐다. 쥐구멍이 있다면 어떻게든 찾아 숨어 버리고 싶었다. 내가 일 년 동안 아끼고 아껴서 모은 그 돈을 고작 한 달 안에 다 벌어들였다니. 그것도 모르고 사람들 앞에서 '나 이만큼이나 모았던 사람입니다' 하며 자랑질까지 해댔으니 얼마나 내가 우스워 보였을까. 아놔 부끄러워. 이때만 생각하면 아직도 자다가 이불을 뻥뻥 걷어찬다. 쪽팔려 죽을 거 같아서.

뼈저리게 경험해 본 적이 있어선지 동생의 말에 크게 공감이 되더라. 세상에는 나보다 잘난 사람, 멋진 사람, 대단한 인간들이 널리고 널렸

다는 것과,

알고 보면 나 같은 건 지극히 평범하고도 평범한, 딱 '대한민국 평균'이
라는 사실이.

어째, 넓은 세상을 보겠다며 떠나온 여행에서,
작디작은 내 모습만 자꾸 깨달아 가는 것 같다.

에스프레소를
닮은
눈동자여

내가
그곳에
있었을 때

끝에서

덥다. 더워서 미쳐 버릴 것만 같다.
이보다 더 더웠다간 살 껍질이 느물느물 녹아 버릴 거야.

이번 종착역은 깐야꾸마리. 인도의 최남단, 쉽게 말해 '땅끝마을'이다. 당장 서울에서 부산만 내려가도 그 기온 차가 어마어마한데 하물며 거대한 인도 땅은 오죽할까. 코치까지만 해도 어느 정도 버틸 만했는데 점점 밑으로 내려올수록 숨 쉬는 것조차 어려워져 '이러다가 호흡곤란으로 쥐도 새도 모르게 죽는 거 아냐?' 하는 걱정도 진지하게 해봤다.
근데 사실, 나는 이렇게 더워 죽을 걸 알면서도 깐야꾸마리행 기차에 올랐다. 이 찜통더위가 걱정되고 두렵긴 했지만, 그래도 인도의 땅끝마을이 주는 그 매력을 꼭 한 번은 직접 느껴보고 싶었으니까. 뭔가 깐야꾸마리쯤은 한번 찍어 줘야 이 여행이 완성될 것만 같은 기분이 들었달까. 시도도 안 해 보고 후회하는 건 죽어도 싫으니 차라리 조금 덥더라도 지금 도전해 보는 게 맞는 거겠거니. 그리 생각하며 과감하게 기차표를 끊었다.

가고 서고 가고 서고를 반복하던 기차가 멈추고
드디어 이 나라의 끝, 깐야꾸마리에 도착했다.

왔구나, 이놈의 징글징글한 인도!
내가 드디어 너의 끝을 보고야 말았구나!!
좋아, 기대해라 깐야꾸마리! 내 너를 아주 신나게 즐겨 주겠어.
두 팔을 활짝 펼쳐 이 서현지를 반겨라!! 음하하하!!

대학교 4학년 때였나. 학교에서 진행하는 영어 프로그램에 참여했다
가 한 친구를 만났다. 그녀의 이름은 신유진. 옆에 있는 것조차 부담스
러울 만큼 깜짝 놀랄 외모를 자랑했던 유진이는 반짝반짝한 외모와

는 다르게 성격만큼은 상당히 소탈했다.

그러던 어느 날, '꿈'을 주제로 파트너와 대화를 나눌 기회가 있었다. 그 누구에게도 말하지 못했던 나의 꿈. 괜히 '니가??'라는 반응이 두려워 남에게 선뜻 꺼내 놓기조차 어려웠던 나의 오래된 소망. 허나 우리는 영어라는 언어를 방패 삼아 조금은 솔직해져 보기로 했다.

"음… 난 여행 작가가 되는 게 꿈이야."

"오!! 그래? 짱 멋진데?"

"뭐, 멋진 것까진 모르겠지만, 그냥 글을 쓰고 있을 때가 제일 나답고 또 행복하더라고."

"굿! 사람이 살면서 그런 거 하나쯤은 있어 줘야지! so nice~!"

말해 놓고도 참 낯간지러웠다. 아마 태어나서 처음이었으리라. 내 꿈에 대해서 누군가에게 속 시원히 털어놓았던 게. 유진이는 그런 나의 고백을 아주 담담히, 하지만 진지하게 귀담아들어 주었다. '아~ 그랬구나' 혹은 '멋지다!!'와 같은 추임새도 넣어 주면서.

자 그렇담 이제 당신 차례!!

"그렇다면!! 신유진, 당신의 꿈은~?"

살짝 기대를 했었다. 이렇게 예쁜 여자가 소망하는 삶은 과연 어떤 것일지 늘 궁금했었으니까. 배우? 아님 미스코리아? 어떤 대답이 나오든 수긍할 수 있을 듯했다.

늘 당당하던 유진이마저도 막상 본인의 꿈에 대해 이야기를 하자니 입이 잘 안 떨어지는 모양이다. 한참을 '음…' 혹은 '그니까…'를 반복하며 입술을 달싹달싹하다 한참 만에야 지르듯이 꺼내 놓은 한마디.

"실은 아나운서야!!"

오오. 역시.
진짜 딱이라 생각했다. 저런 또롱또롱한 목소리에 반듯한(?) 얼굴, 뛰어난 브레인에 강직한 성품까지. 참으로 제게 딱 맞는 그런 꿈이 아닌가!!
"헐! 짱 잘 어울려! 너라면 진짜 할 수 있을 듯!"
"으~ 부끄러워. 그냥 지금은 열심히 노력 중이야. 사실 준비해야 할 게 많아서 좀 힘들긴 해. 물론, 그 힘든 시간조차 행복할 때가 많지만."
누군가에게 털어놓는 건 처음이라며 멋쩍게 웃던 유진이. 가끔은 숨이 멎을 것같이 힘들지만 그래도 이번에야말로 내 꿈을 위해 노력해야 할 때라고, 그렇게 그녀는 본인의 꿈을 찾아가는 일련의 과정을 '인내'와 '행복'이라 표현했다.
"새로운 걸 배운다는 건 참 어려운 일이지만 그래도 나는 지금이 좋아. 시도도 안 해 보고서 나중에 후회하는 것보단 그래도 노력해보는게 훨씬 나은 거잖아. 그치?
그렇게 고통스러운 시간과 당당히 맞서 싸우던 유진이는
4년 후, 그토록 소망하던 방송국 데스크에 당당히 '신유진' 이름 석 자를 걸어내고야 말았다.

"와 미쳤어. 여긴 인간이 살 곳이 아냐. 당장 돌아가자. 내일이라도 당장 떠날래."
현관문을 열자마자 도로 로비로 뛰어들어왔다. 진짜 거짓말 안 하고 피부가 햇볕에 파스락 타버릴 것만 같다. 오, 땅끝마을이고 뭐고 이러다가 사람 죽겠는걸? 이래서 뭐 어디 구경이나 제대로 하겠어? 이건 그냥 돌아가는 게 답이야. 암암

허겁지겁 방으로 올라와 침낭 위에 던져둔 지갑과 여권을 챙겼다. 기차표가 매진되기 전에 한 시간이라도 더 빨리 예매하는 게 맞을 테다. 허나 문고리를 돌리기 직전, 문 앞에 놓여 있던 오래된 TV에 시선이 멈췄다. 그 어떤 손님도 틀어 보았을 것 같지 않은 낡은 TV. 당장 고물상에 팔아 버린다고 해도 한 끼 밥값이나 나올까 의심스러운 골동품. 그 까맣게 꺼진 브라운관을 바라보다 문득, 유진이의 얼굴이 떠올랐다. 곱게 정장을 차려입고 반듯한 얼굴로 뉴스데스크에 앉아 있던 소름 끼치게 멋진 그 모습이.

'너 지금 뭐 해? 설마 도망가는 거니?'
까맣게 꺼진 TV가 내게 말을 걸어온다.
'겨우 한 발 짝 떼어 보곤 못 견디겠다 떠나 버리게? 너 참 못났다.'

나도 알아. 안다고. 근데 진짜 너무 더운데 어떡해?
도저히 에어컨 없이는 5분도 못 버틸 만큼 힘든데 나보고 어쩌란 말이야. 이대로 계속 버텼다간 진짜 죽을지도 몰라.
그냥 이런 상황에선 냅다 도망가는 게 상책이라고!

한참을 고민했다. 그러다 결국 챙겼던 여권을 도로 침낭에 던졌다.
까짓거 한 번 더 해 보자. 햇볕에 그을려 얼굴이 시컴둥이가 되든 말

든, 슬리퍼가 땅바닥에 쩍 달라붙어 밑창이 떨어지든 말든 간에, 적어도 '아, 나 왜 제대로 해 보지도 않고 포기해 버렸지?' 하는 후회는 하지 않도록. '왜 땅끝마을까지 가서 바닷가도 한번 구경 안 해 보고 왔지?' 하는 미련도 생기지 않도록. 내 발로 여기까지 왔으면 그래도 할 수 있는 데까지는 한번 꿋꿋이 버텨내 보자고.

우리의 꿈은 그것을 이루었느냐 그렇지 못했느냐로 그 가치를 평가할 수는 없을 것 같다. 그저 그걸 이루기 위해 얼마나 오래 궁둥이를 붙이고 있어 보았느냐, 내 머리를 얼마나 쥐어짜내 보았느냐가 그 꿈의 가치를 높이고 나의 젊음을 빛나게 해 주는 것 아닐까.

아마 유진이는 아나운서가 되지 못했다고 해도 스스로 실망하지는 않았을 것 같다. 그녀가 얼마나 노력을 했는지 알기 때문에. 그 앵커석에 앉기 위해 얼마나 오랜 시간 스스로 갈고 닦았는지 지켜보았기 때문에. 그래서 아마 유진이는 끝끝내 아나운서가 되지 못했다 해도 본인의 꿈 앞에서 절대 자책하거나 후회하는 일은 없었을 거다.

'꿈'이란 건 굳이 멋들어지고 화려한 그런 것들이 아니어도 상관없다. 유진이처럼 그 꿈이 참으로 대단하든 혹은 나처럼 뜬구름 잡는 소리처럼 들리든 상관없이, 그냥 나를 믿고 꾸준히 노력하기만 한다면 그 성과가 크든 작든 이미 그걸로 충분한 것이 아닐까.

에어컨이 쌩쌩 돌아가는 숙소를 떠나 타는 듯한 거리 위에 서며 생각한다.
숨이 막혀 와도, 땡볕에 발바닥이 익어 버릴 것 같아도,

이번에야말로 최선을 다해 이 깐야꾸마리에 매달려 주겠노라.
누가 뭐라 하든 일단은 죽기 살기로 한번 물고 늘어져 보고,
그래도 안 되겠거든. 그래도 정 못하겠거든 그때 가서 포기해도 늦지
않은 거니까.
너무 쉽게 포기하지 말자. 해 보지도 않고 지레 겁부터 먹지도 말자.
억지로 고집부릴 필요는 없지만, 노력해 보지도 않고 뒷걸음질부터 치
는 건 너무 못난 모습이지 않나.

나가자. 그리고 온몸으로 이 깐야꾸마리를 맞닥뜨려 보자.
아마, 그것이 바로 여행 작가가 되겠다는 나의 꿈에 대한
최소한의 예의일 테니.

유진이와 내가 취준생이었을 시절. 우리 학교 사범대학교 뒤편 풀밭에서 유진이와 이런 얘기를 한 적이 있다.

유진 야, 나중에 우리 둘 다 꿈 이뤄서 다시 여기에 오면 진짜 신기하겠다.

현지 캬~그러게. 너는 아나운서 되고, 나는 작가 돼서 다시 만나면 아마 눈물 펑펑 쏟겠지??

유진 우리 각자 꿈 이룬 다음에 여기 다시 오자! 그때는 취준생 서현지, 백수 신유진 말고, 신 아나운서, 서 작가 돼서 당당하게 만나는 거야! 어때?

현지 콜!! 그때는 우리 이런 400원짜리 캔 커피 말고 4,000원짜리 비싼 커피 마시자~!

유진 좋지!! 그리고 그때는 학교식당 말고 예쁜 카페에서 밥 먹자. 제~에발 화장도 좀 하고!

현지 머리도 좀 감고!!

유진 인간답게 좀 꾸미고 만나자고!!

현지 오키오키! 약속! 취소 없기! 퉤퉤퉤!!!

그냥

대~~단하다 정말.

저렇게 눕고 싶을 때 마음대로 쭉~ 뻗어 버릴 수 있는 용기는

대체 어디서 나오는 거지??

저기요~ 아저씨! 아저씨 잠시만 일어나 봐요

그 자신감 좀 나한테 팔아 봐봐!

얼마 드릴까? 응? 얼마면 돼요??

거 참, 귀찮게 하네

아 팔긴 뭘 팔아! 그게 뭐 별거야?

눕고 싶을 때 그냥 맘대로 드러누워 버리면 그게 자신감인 거지.

누가 뭐라든 그냥 해 그냥!

너 하고 싶은 대로 그냥 쭉~욱 하고 살면 되는 거라고.

언더스탠??

그 속에 서 있어 봤니

인도 전역이 아주 들썩들썩 난리다. TV에선 색색의 풍선이 팍팍 터지는 영상을 연일 방영했고, 집집마다 '컬러에 미쳐라'와 같은 슬로건이 나붙었으며, 노랑, 파랑, 초록 등 색깔 가루를 잔뜩 뒤집어쓴 개와 소들이 곳곳에서 출몰했다. 도대체 뭐 때문에 이 난리냐고? 바로 인도 최대 규모 축제, '홀리' 때문이다.

우선 홀리 축제가 시작되면 멀쩡한 얼굴로 집에 들어가는 건 절대 불가능하다. 폭포처럼 쏟아지는 가루들과 수십 곳에서 쏴대는 물총 세례를 피할 수 있는 사람은 단 한 명도 없을 거기 때문에. 알록달록해질수록 더 많은 축복을 받는다고 믿는 이 홀리 축제에서는 깔끔한 얼굴과 단정한 옷차림은 오히려 민폐다. 그러니 이제 막 거리에 나선 나 같은 인간은 응당 인도인들의 표적이 될 수밖에.

"아아악!!! 눈에는 하지마아악!!! 옷에만 해. 옷에만!!"
다섯 명의 한국인은 숙소에서 몇 발짝 떼 보기도 전에 아주 아작이 났다. 가루가 콧구멍으로 들어간 사람, 머리부터 발끝까지 초록색으로 물든 사람, 티셔츠가 반절이나 찢겨 나간 사람 등 그 몇 초 안 되는 사이에 처참할 만큼 탈탈 털렸다.
애초에 대충 맛만 보겠단 건 우스운 생각이었다. 독기 품고 달려드는

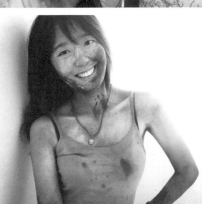

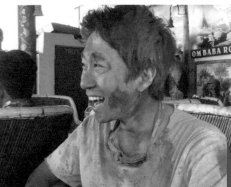

쪽과 한쪽 발만 살짝 걸치고 있는 인간 사이에선 아예 게임 자체가 성립이 안 된다. 대충 하면 안 된다. 설렁설렁하지 말고 할 거면 아주 제대로 해야 한다.

자, 너는 방금 잽을 맞았다.

이제 어쩔 것인가. 뛰어들어 볼 것인가, 아님 후퇴할 것인가.

5초. 4초. 3초. 2초. 1초.

땡.

"야!!! 니네 다 죽었어!! 가만 안 둘 거야!!!"

가루가 든 봉지를 들고 인파 속으로 달려들었다. 누가 먼저랄 것도 없었다. 그냥 잡히는 대로 노랗고, 빨갛고, 파란 가루들을 미친 듯이 집어 던졌다. 연두색 손이 내 얼굴을 철썩 만지면, 나도 '이씨!!' 하며 파란색 손바닥으로 응징했고, 어디선가 물총 공격이 들어오면 냉큼 달려가 총을 빼앗아 들곤 '니가 감히!!!!' 하며 두 배 세 배로 쏘아댔다. 어디선가 "언니!! 현지 언니 어디 있어!!!" 하는 처절한 한국어가 들렸지만 "나 여기 있어!!" 하는 대답은 듣지 못했는지 그렇게 일행은 소리소문없이 사라졌고, 나중엔 슬리퍼까지 벗겨져 한쪽 발을 질질 끈 채 인파 속에서 이리 출렁 저리 출렁 파도마냥 여기저기 쓸려 다녔다.

이 와중에 다들 미친 사람처럼 웃는다. 하나같이 거지꼴을 해서는 정신 줄을 놓고 망아지마냥 풀썩풀썩 뛴다. 귀청이 터질 것 같이 시끄러운 음악은 흥분에 기름을 부었고, 얼굴이 가려지자 다들 거칠 것이 없어져 맘 가는 대로 구르고 던지고 또 소리를 질렀다. 나도 같이 웃었다. 혼자 깔깔거리면 미친 여자겠지만, 너랑 내가 다 같이 하니 그냥 festival이다. 입에 들어온 핑크색 물감에선 크레파스 맛이 났고, 머리에서는 검정색 물이 뚝뚝 흘러내렸지만 아무래도 좋았다. 지금은 그냥 내가 이 난장판 사이에 끼어 있다는 것만이 중요했다. 멀리서 구경만 할 땐 "어머! 저거 다 언제 지우니~" 했던 게, 막상 얼굴이 젖고, 머리가 젖고, 온몸을 다 물감에 푹 담그고 나니 오히려 아무렇지도 않아졌다. 어른이지 않아도 돼서 좋다. 서른답지 않아도 돼서 좋다. 뭔가 '다워야' 하고 '스러워야' 한다는 걸 다 벗어 던지고 나니 이렇게 홀가분할 수가 없다. 옷 젖을 게 두려워 발목까지만 적시고 돌아서야 했던 바닷가, 조금만 모래가 들어가도 탈의실로 뛰어들어가 수영복을 탈탈 털어내야 했던 나는 여기 없다. 마음껏 적시자. 힘줄 필요 없다. 체면 차릴 필요도 없다. 온몸으로 풍덩 뛰어들어 맘대로 팔을 휘젓고 발장구를 치자. 그래도 되는 곳에서는 그냥 좀 그래도 된다. 나는 서른이 아니다. 여자도 아니다. 서현지는 더더욱 아니다. 나는 그냥, 분홍색 콧물을 훌쩍이는 이름 모를 어린아이다.

공중을 가로지르는 물대포가 느릿느릿 슬로 모션으로 지나간다. 시끄럽던 음악 소리가 물속에서 퍼져 나오듯 아득하게 들려온다. 푸쉬카르 광장은 그간 한 번도 본 적 없었던 환상적인 색으로 뒤덮였고, 그 속에는 하늘을 바라보며 멍청하게 히~ 웃고 있는 내가 있었다.

"푸하하하!! 언니!! 대~박!! 도대체 어디서 이렇게 당한 거야!"

272 page

"어쭈구리! 사돈 남 말 하시네! 너 지금 이빨 초록색이야. 큭큭"

뿔뿔이 흩어졌던 일행을 숙소에서 다시 만났을 때, 우린 그 말도 안 되는 꼬라지들을 보며 아주 넋 놓고 깔깔댔다. 분명 아침까지만 해도 '난 살짝 구경만 하다 들어 올 거야' 했던 사람들이 어느새 그 아수라장에 푹 빠져서는 온통 핑크 핑크, 파랑 파랑한 게 와, 어쩌나 웃기던지.

"야야, 그러지 말고 우리 사진 찍자!!"

"뭐? 나 지금 얼굴 엉망이야~~!!"

"아 뭔 상관이야~! 어차피 아무도 못 알아봐, 지금 아니면 또 언제 이래 보냐??"

에라 모르겠다. 그래 찍자 찍어. 어차피 다 같이 개판인데 뭐 어때!

우리는 뭔가에 홀린 듯이 끊임없이 셔터를 눌렀다. 술 마신 사람은 아무도 없었지만, 취하지 않은 이 역시 아무도 없었다. 다들 본인이 제정신이 아니란 걸 알았지만, 상관은 없었다.

아무렴 어때, 누가 뭐라 한다고. 우리가 또 언제 이렇게 정신 놓고 뒹굴어 보겠어. 괜찮아 괜찮아. 더 놀아 더 놀아. 지금 이 마법이 끝나기 전에 다들 제대로 인증샷 한번 남겨 보자고!

자자자! 여기 보시고~!

하나, 둘, 셋! 김치!!!

'원래' 그런 건 없다

한번은 나와 비슷한 또래의 여자 분과 일행이 된 적이 있었다.

"안녕하세요. 한국분이시죠?"
호탕한 목소리에 시원시원한 성격의 그녀. 첫인상만큼은 누구보다 좋았기에 나는 흔쾌히 합석을 허락했다. 그러잖아도 적적했던 차, 잘됐다 싶어 비리야니를 퍼먹으며 여행에 대해 이런저런 이야길 나눴다.

근데 대화를 하다 보니 좀 이상한 게, 분명 인도에 온 지 꽤 됐다고 들은 것 같은데 본인의 여행에 대해 제대로 기억하는 게 하나도 없는 거다. 다녀온 지역이라든가, 먹었던 음식이라든가, 하다못해 타고 왔다던 교통수단조차 이랬다가 저랬다가. 그래 뭐 즉흥적으로 떠도는 사람이야 흔하게 봤으니 까짓것 좀 헷갈릴 수 있다 치는데, 아무리 그래도 가트 변에서 사진까지 떡하니 찍어 놓고선 갠지스가 남인도에 있는 줄 아는 건 해도 해도 너무하잖아. 분명 루트를 짜거나 이동하는 중에 이것저것 정보를 많이 알게 됐을 텐데 어떻게 이렇게 하나도 모를 수가 있지?

이때 그만뒀었어야 했다.
뭔가 이상하다 싶을 때 과감하게 때려치우는 게 맞는 거였다.

허나 내가 그렇게 대충 어리바리하게 웃어넘겨 주고 적당히 고개를 끄덕거리다 정신을 차렸을 땐, 이미 그녀가 내 여행에 철석 엉겨 붙은 후였다. '엉겨 붙다'란 표현이 너무하다 싶은가? 내 말을 더 들어보면 절대 그런 말 못 할 거다.

"우리 이제 어디 가요, 언니?"

밥을 먹고 일어서려던 찰나에 그녀가 이렇게 말해 온다. 사실 나는 근처 돌밭이나 살살 걸어 볼까 하던 참이었는데 옆에서 저리 말하니 뭔가 그럴싸한 플랜을 내놓아야만 할 것 같은 기분이다. '뭐지? 이 가이드가 된 것만 같은 느낌은?'

허나, 이건 시작에 불과했다.

"이건 왜 유명한 거예요? 언니? 역사적으로 뭔가가 있나 보죠?"

"저 배고픈데 근처에 좀 유명한 맛집 같은 건 없대요?"

"사실 저 영어 잘 못 해요. 주문 좀 대신해 줄래요~??"

"내일은 우리 어디 갈 거예요, 언니?"

가만 보니 이 여자, 하나부터 열까지 저 스스로 할 줄 아는 게 단 하나도 없는 거다. 조금만 마음먹으면 충분히 할 수 있는 걸 가지고 무슨 일만 생기면 내 옷깃을 살랑살랑 흔들어댔고 영어로 주문하는 건 당연히 내 몫인 데다 인도에 조금 더 오래 있었다는 이유로 다음 날 스케줄까지 전적으로 내게 의존해대는데, 와. 진짜 쥐어박고 싶은 심정이었달까. 도대체 나 지금 뭐 하고 있는 거지??

결국 심사가 삐딱해져 "핸드폰으로 정보 한번 찾아보세요." 했더니 한다는 말이

"전 원래 옆 사람 따라다니기만 해요."란다.

충격이었다. '원래'라니.
와. '원래'라는 단어가 원래 이리도 얄밉고 짜증 나는 건지 오늘 처음
알았네.

결국 며칠 후, 나는 더 이상 우리가 함께 여행하는 건 불가능하겠다고
판단해 갖은 핑계를 대며 그녀와 안녕했다. (헤어지는 그 순간까지도
'언니 그럼 나 다음에 어디 가야 할지만 좀 추천해 주면 안 돼요?' 하

더라. 행패도 이런 행패가 없다.)

나는 여행을 하다 어린 학생이나 혹은 이제 막 여행을 시작한 분들이
도움을 청하면 웬만해서는 적극적으로 손을 내밀어 주는 편이다. 나
도 대책 없이 인도 땅을 밟았던 스물셋 시절이 있었으니까. 가진 거라
곤 객기밖에 없었던 내가 별 탈 없이 첫 해외여행을 마칠 수 있었던
건, 전부 옆에서 이리 챙기고 저리 이끌어 주던 동행들이 있었기 때문
이란 걸 알기에. 그래서 조금은 귀찮을지라도 흔쾌히 그들의 동행이
되어 주곤 했었다.

근데 만일 '동행'이 아닌 '가이드'가 되어야 한다면 이야기는 완전히 달라진다. 특히 그녀처럼 '니가 알아서 해' 류의 사람을 만날 때면 진짜 답이 없는 거다. 한 사람이 일방적으로 상대를 모시는 꼴이 됐는데 어찌 그 여행이 즐거울 수 있으랴. 어쩌다 한 번씩 그런 사람을 만날 때면 정말이지 도랑에 발을 빠트린 마냥 기분이 더럽다. 특히 고마워할 줄도 모르고 남이 떠먹여 주는 밥상이 '원래' 그런 것이라 말하는 이 같은 경우엔 더더욱.

이 세상 그 어디에도 '원래' 그런 것이란 없다.
요즘 부모와 자식 간에도 '당연한 것'은 없다 하는 마당에 하물며 생판 처음 보는 사이에선 오죽하겠나.
당신에게 선의를 베푸는 사람은 원래 친절한 성격의 소유자라서가 아니라, 그저 이 여행에 있어 당신보다 조금 더 먼저 행동할 줄 아는 센스가 있는 것일 뿐이다.
그러니 혹여 '저 사람은 원래 부지런하니까', '원래 저런 사람이니까' 하는 이기적인 생각으로 동행의 희생과 노력을 하찮은 것으로 만들진 않길 바란다.

꼭 기억하자.
동행이 베푸는 호의를 당연히 여기는 그 순간, 그 여행은 망한다.

너는 사랑하는 내 딸이다

어깨가 오들오들 떨릴 정도로 추웠던 다르질링. 하필 또 옷을 얇게 입고 나오는 바람에 카디건을 가지러 다시 숙소로 올라가는 길이었다. 따끈한 짜이나 한잔했으면 좋겠다 생각하던 중, 골목길에서 만난 옥수수 파는 아줌마. 노릇노릇 익어가고 있는 옥수수들을 보자니 급 고소한 게 땡기기도 했고 괜스레 할머니 생각도 나서 그냥 그 앞에 주저 앉았다.

"앗 추워! 아줌마 옥수수 하나 주세요."
"춥지? 그러게 왜 그렇게 얇게 입고 나왔어."
"몰라요. 이놈의 날씨가 변덕이 심하네요."
"여기 날씨가 좀 아침 다르고 점심 다르지? 변덕이 죽 끓는 게 꼭 내 큰딸 같달까."
아줌마 곁에는 '아 내가 뭐!'라며 성질을 부리는 단발머리 꼬맹이가 있었다. 딱 봐도 참 말 안 듣게 생겼다. 엄마 속깨나 썩이겠는걸?

"아 빨리빨리 줘. 나 배고프단 말이야."
"오 녀석아! 언니가 손님인데 언니 먼저 줘야지! 넌 좀만 더 기다려."
"치! 엄마 미워!!"
꼬맹이는 자기 몫으로 구워지고 있던 옥수수를 뺏긴 게 그렇게 억울한지 구석에 처박혀 무릎에 얼굴을 묻었다. 옆에서 괜히 뻘쭘해진 나는 옥수수가 구워지고 있는 걸 그저 멍하게 지켜봤다. 아줌마는 간만에 외국인 손님이 와서 참 좋다며 내게 이것저것 물었다. 왜 여행을 왔는지, 인도는 어디 어디 갔었는지. 그중 어디가 제일 좋았는지 등 옥수

수가 익어 가는 동안 담백하게 여행에 대한 이야길 나눴다. 그러다가
발견한 놀라운 사실.

"헉, 그러고 보니 아줌마! 반팔 입고 안 추워요?!!"
내 반응이 웃긴지 아줌마는 그저 웃었다. 아니 이 양반아, 웃을 일이
아니라 지금 이 날씨에 그렇게 입고 있다간 얼어 죽는다고요!
"호호. 나야 늘 불 앞에 있는 걸 뭐."
"아니, 아무리 그래도 지금 얼마나 추운데!"
"괜찮아. 온종일 옥수수 까고, 불 지피고, 불 앞에서 부채질하고 있다
보면 오히려 꽁꽁 껴입고 있는 사람들보다 더 따뜻할걸?"

그러고 보니 옆에서 장사하고 있는 다른 아주머니도 옷차림이 거의
여름 수준이었다. 오 마이 갓.

"아가씨는 이해 못 할지 몰라도, 자식 공부시킬 수만 있다면 이 정도 추운 것쯤은 아무것도 아냐."

세상에. 옥수수 그것 좀 저 먼저 안 준다고 토라져선 눈도 안 마주치는 새침데기 딸이 뭐가 예쁘다고.

"나는 이렇게 추운데 나와서 일하고 있지만, 내 딸만큼은 그러지 않았으면 좋겠어. 애가 이래 보여도 참 똑똑하거든. 나중에 큰 인물 될 거야."

역시. 딸 사랑은 친정엄마인가 보다. 제 칭찬에 기분이 살짝 풀렸는지 이제야 슬금슬금 옆으로 다가오는 아이. 야 인마 너. 엄마한테 잘해. 이렇게까지 너 생각해 주는 사람이 이 세상에 엄마 말고 또 있는 줄 아냐. 복 받은 거야 넌.

우리 엄마도 그랬겠지. 30년 동안 매일 아침 '그래도 자식들 공부만큼

은 제대로 시켜야지.' 다짐하며 회사 문턱을 넘었을 테다. 미칠 듯이 눈꺼풀이 무거워도, 지금 일하러 가지 않으면 토끼 같은 자식들 행여 밥 굶길까 봐. 그렇게 꾹꾹 참으며 하루를 버텨냈겠지.

근데 뭐 지금은 내가 서른 줄이나 먹었으니 이렇게 철든 소릴 하지만, 사실 어릴 적 우리 엄마는 내게 그다지 다정한 엄마는 아니었다. 이렇게 말하면 우리 김 여사가 매우 매우 속상해하겠지만. 적어도 유년 시절의 내겐 그랬다.

3, 40대 때의 우리 엄마는 누가 봐도 정말 정말 멋진 여자였다. 회사에서도 인정받고 그만큼 돈도 많이 벌었으며, 맞벌이하는 와중에도 집안일까지 완벽하게 해내는 슈퍼우먼이었다. 사람들은 그런 엄마를 두고 "어쩜 저리 똑 부러질꼬~" 하며 입을 모아 칭찬했다. 하지만 나는 우리 엄마가 멋진 여자, 똑 부러지는 직원, 잘난 며느리의 역할은 다 해내면서 왜 '다정한 엄마'로 살 생각은 없는 건지 늘 궁금했다. 회사에서 받은 스트레스는 고스란히 나와 내 동생에게로 돌아왔고 늘 신경질적인 엄마 때문에 나는 하루하루 집에 들어가는 것이 고역이었다. 초등학생 때는 집에 들어가기 싫어 집 문고리를 잡고 몸을 파르르 떨었던 기억도 있으니 말 다했지.

하지만 나이를 먹고 사회생활을 시작하니 그제야 알겠더라고. '멋진 여자', '똑 부러지는 직원', '잘난 딸'이 셋 중 딱 하나 이뤄내는 것만 해도 정말 쉽지가 않다는 걸. 근데 우리 엄만 그걸 무려 다 해낸 거야. 와, 돌이켜 생각해 보니 어쩌나 대단하던지.

이제는 안다. 결국 우리 엄마는, 어떤 의미에서는 참 '좋은 엄마'였다는 걸. 비록 우리에게 다정하고 따뜻한 사람은 아니었지만, 적어도 (형편이 어려웠던 시기를 제외하곤) 나와 동생이 돈 걱정 없이 공부할 수 있도록 해 줬고, 새벽같이 일어나 다리미로 교복에 칼 선을 세워 주며 어디 가서든 무시당하지 않게 엄마만의 방식대로 최선을 다해 노력하고 있었다는 사실을 말이다.

"언니, 나 언니 노트 볼래."
발치에 놓아둔 내 일기장이 마음에 든 건지 한 번만 보자고 손을 내미는 아이. 누구에게도 보여 준 적 없는 일기장이라 당황했지만, 어차피 한국어를 모를 테니 싶어 슬그머니 건넸다.
"나도 나중에 언니처럼 작가 할 거야. 그래서 돈 아주 많이 벌어서 엄마한테 집 사 줘야지. 나중에 나 유명해질 수도 있으니까 미리 이름 적어 줄게."
그래그래. 작가를 한다고 꼭 돈을 많이 벌 수 있는 건 아니겠지만, 그래도 나중에 니가 쓴 책이 읽고 싶어지긴 할 것 같네. 내 인생 서른 줄, 그때 다르질링에서 만난 요 꼬맹이, 그녀가 쓴 책을 훗날 나이 든 내가 읽는다면 그 기분이 얼마나 새로울까.

이 땅의 모든 부모들이 다 그렇듯. 우리 부모님 역시 자식 때문에 팔을 걷어붙이고 세상으로 나갔을 테다. 그리고 30년 동안 앞만 보고 무작정 버티고 버티고 또 버텨 왔겠지. 자신이 한겨울에 반팔을 입고 있는 줄도 모르고.

나는 이 아이처럼 엄마한테 집을 사 주겠단 약속은 못 하겠다. 하지만 적어도 노년에 우리 엄마 아빠 외롭지 않게 해 주겠단 약속만큼은 할 수 있을 것 같다. 지난 세월, 우리 엄마가 멋진 여자, 능력 있는 직원으로 사느라 고생했던 시간만큼, 이제부턴 내가 '좋은 딸'이 되는 걸 목표로 한번 살아 보는 것도 괜찮지 않을까.

먼 훗날, 내가 이 아이의 책을 읽으며,
지금의 이 소소한 다짐들을 꼭 떠올릴 수 있었으면 한다.

에스프레소를
닮은
눈동자여

내가
그곳에
있었을 때

아까운 줄 알아주세요

좁은 골목을 지나가고 있었는데 한 켠에서 누가 시끄러운 소리를 내며 어푸푸 어푸 세수를 한다. 사람이 한 스무 명은 넘게 지나다니는 길바닥에서 사생활을 대공개해 가며 얼굴도 씻고, 발가락도 사이사이도 닦아 가며. 아주 제집이 따로 없다.

근데 그나저나, 저 손잡이 완전 귀찮겠는걸? 매번 씻을 때마다 저렇게 계속 들었다 내렸다 해야 하는 거야?

"불편하지 않아요? 그 손잡이 어~엄청 무거워 보여요."

괜히 또 오지랖이 발동해 한마디 건넸더니 아저씨가 씻다 말고 훌쩍 쳐다본다.

"뭐, 좀 불편해도 어쩔 수 없지. 그저 이렇게라도 물 바를 수 있는 거에 감사해야 해. 이 동네 물이 정말 귀하거든."

그러면서 다시 손톱에 낀 때를 하나하나 빼낸다. 뭔 일을 하다 왔는진 모르겠다만 양손에 꼬질꼬질한 기름때가 가득하다.

그렇군요. 당장 내가 아쉬우니 그 정도 불편함쯤은 충분히 참을 수 있는 거로군요.

오르내리는 손잡이가 그렇게나 묵직하고 번거로운데도, 막상 내가 필요하니까 결국엔 작은 것 하나하나에도 머리 숙여 감사하게 되나 봅니다.

엄마 말에 의하면 나는 어릴 적부터 남에게 베푸는 걸 그렇게 좋아했다고 한다. 유치원 다닐 때는 친구가 사탕을 먹고 싶다고 하면 입안에 있던 것까지 뱉어 줄 만큼 필요 이상으로 남한테 퍼 주며 살았었다고. 그래서 집에 있던 패물이며 각종 장신구들이 없어진 날엔 항상 엄마나 아빠가 나를 데리고 그날 놀러 갔었던 친구네 집을 방문해야 했다고 한다. '우리 애가 멋모르고 결혼반지를 친구한테 줘 버렸다네요. 늦은 시간에 죄송한데 좀 찾아서 돌려주시겠어요?' 하면서.

사실 나이를 먹은 지금도 어릴 때와 별반 다르진 않다. 꼬꼬마 적부터 그렇게 혼이 나고, 멍이 들 정도로 회초리를 맞아 놓고도 나는 여전히 내 걸 나눠 주지 못해 안달이다. 주변에 여행을 간다는 후배가 있으면 어떻게 해서든 항공 팁이나 여행 정보들을 알려줘야 마음이 놓였고, 업무를 따라가지 못해 끙끙대는 후배가 있으면 직접 하나하나 알려주고 이해를 시켜야 직성이 풀렸다. 왠지는 모르겠는데, 그냥 나한테는 그게 당연했다. 내 도움을 받고 기뻐하는 상대의 얼굴을 보는 게 좋았고, 이따금 누군가에게 베풀어 놓은 것들이 몇 배가 되어 내게 돌아올 때의 그 뿌듯함 역시 살아가는 데 큰 힘이 됐으니까.

근데 화딱지 나게도 이런 내 성격을 교묘하게 이용하는 사람이 꼭 하나씩 나타난다. 내가 도와줄 걸 아니까. 말하지 않아도 필요한 걸 알아서 척척 가져다주니까. 그래서 나중엔 아예 손 놓고 가만히 있어 버리는 거다. 처음에는 "정말 고마워!! 잊지 않을게~!" 했던 사람이 시간이 지나니 점점 내가 베풀어 주는 것들을 당연하게 여긴다. 편리함에 취해 고마움을 잊는다. 그러다 어느 날 화가 난 내가 저에게서 손을 놓아 버리면 제가 되려 "아 이제 와서 이러면 어떻게 해!" 또는 "왜 갑자기 생색이야!!" 하며 적반하장으로 화를 낸다. 이젠 고맙지 않으니까. 저를 위해 쏟는 내 에너지가 아무렇지 않아져 버렸으니까.

참 어이없지 않나.
받은 만큼 돌려주는 건 바라지도 않는다.
허나 적어도 남의 수고를 당연히 여기지는 말아야 하는 것 아닐까.
저렇게 남의 노력을 '생색'이라던지 '치사하다'와 같은 말로 깎아내려 버리면 당신을 위해 순수하게 베풀었던 내 감정들이 도대체 뭐가 되느냔 말이다.
가끔 이런 허탈한 기분을 느낄 때면, 내가 마치 쓸모없는 빈 깡통이 된 것만 같다.
아낌없이 콸콸콸 나눠 줘 버리곤, 결국엔 길거리에 '깡' 차여 버리고 마는, 그런 고철 덩어리.

그래, 저 손잡이를 보니 이제야 좀 알 것 같다.
내가 앞으로 어찌 살아야 하는지. 어떻게 변해야 하는지.
앞으론 필요한 만큼 뭐든 원 없이 쏟아내 주는 간편한 수도꼭지 같은 사람 말고,
저렇게 어깨가 뻐근해질 정도로 열심히 길어 써야만 하는
그런 불편하고 번거로운 인간으로 한번 살아 봐야겠다.
함부로 감정을 내어 주지 말고. 그 속내를 멋대로 보여 주지도 말고.

필요한 사람이 먼저 내게 찾아와 열심히 땀을 흘리며 길어내고 길어내
야 겨우 물 한 바가지쯤 꺼내놓아 주는,
그래서 상대방으로 하여금 그저 한 자락의 호의에도
진심으로 감사하고 고마워할 줄 알게 만드는,
그런 불편하디 불편한 사람으로 말이다.

이런 원대한 깨달음을 얻었는데, 이상하게 마음은 편치가 않다.
세상은 내가 생각한 것처럼 아기자기한 동화가 아닌 것 같아서.
뿌리는 대로 거두는 거라 철석같이 믿었던 내 신념이,
결국 '뿌려 봤자 똥 된다'란 결론만 내놓은 것 같아서.
그래서 그냥, 이상하게 마음 어딘가가 좀 텁텁하다.

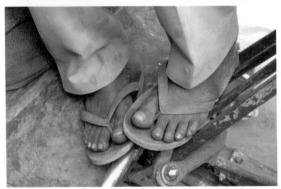

발이다

발이다.
굳은살이 덕지덕지 붙은 발이다.
발가락에도, 발꿈치에도,
겹겹이 생겨난 죽은 살 덕에
이젠 맨발로 돌길을 걸어도 아리거나 쓰리지 않다.

저도 그랬으면 좋겠어요.
이별도, 실패도, 눈물도, 이제 모두 지긋지긋하니
앞으로 더는, 마음이 저린 일이 없었으면 좋겠습니다.

이제쯤 맷집이 생기지 않았을까요.
남부럽지 않게 고생도 해 보고,
세상이 날 버렸나 싶을 만큼 모든 걸 잃어 본 적도 있으니

이제 조금은 괜찮지 않을까 합니다.
이제 조금은 괜찮았으면 좋겠습니다.

물집, 상처, 거기서 잠시 STOP

둥그런 물집이 생겼다. 낡은 조리에 발가락이 자꾸 쓸려 조만간 슬리 퍼를 새로 장만해야겠다고 벼르고 있었는데 그 새를 못 참고 고름을 만들어 낸 거다. 걸을 때도, 씻을 때도 참 불편하게 하는 이 녀석. 한번 쓸릴 때마다 여간 따갑고 거슬리는 게 아니라서 결국엔 손톱깎이로 살살 터뜨려 보기로 했다.

통통하게 오른 살점을 꾹 집어 쪼르륵 물을 빼내고, 나달나달해진 살 을 주욱 뜯어낸 뒤 그 위에 연고를 바르고 밴드까지 꽁꽁 덧붙였다. 고름이 채 익기도 전에 억지로 터트린 거라 좀 따끔거리긴 하지만, 아 마 한 이틀 뒤면 또 언제 그랬냐는 듯 멀쩡해질 거다. 며칠만 버티자. 좀 있으면 이 자리에 딱지가 앉고, 또 조금만 더 있으면 새살이 새록새 록 돋아날 테니.

근데 말이다. 이게 생각보다 쉽게 낫질 않는 거다. 자고로 물집이란 건 노랗게 농익어 자연스럽게 터질 때까지 꾹 참고 기다렸어야 하거늘. 그 걸 못 참고 내 멋대로 찍 떼어 냈으니 이 먼지 많고 세균 쩌는 인도에 서 상처가 덧나는 건 어쩌면 당연했지.

"아이씨. 따가워 죽겠네…"
고름이 터진 자리에 피딱지가 앉았고, 그 피딱지가 쓸리면서 또 다른

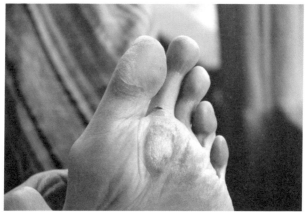

에스프레소를
닮은
눈동자여

내가
그곳에
있었을 때

상처를 만들어냈다. 기차며 릭샤며 각종 먼지 구덩이를 구르는 동안 그 조그맣던 상처는 걷잡을 수 없이 커졌고, 나중엔 제대로 걷지도 못할 정도로 통증이 심해져 결국 한 며칠 강제로 칩거를 해야만 했다.

그냥 가만히 둘걸.
좀 따갑더라도, 발바닥이 쓸려 불편하더라도. 그냥 뜬금없이 생긴 물집은 어느 날 또 뜬금없이 사라지도록 그냥 꾹꾹 참고 모른 척할 걸 그랬다. 건드리지 말고, 그냥 나을 때 되면 알아서 아물도록 그냥 그렇게 가만히 두었어야 했는데.
휴, 괜히 물집 하나 잘못 건드려서 이게 뭔 꼴이람. 짜증나게시리.

예전에, 친구가 남자 친구와 헤어지고 몇 날 며칠을 앓아누웠던 적이 있었다. 평소 사이좋기로 유명한 커플이라 헤어졌단 말을 들었을 때 얼마나 놀랐는지 모른다. 그래서 왜 헤어졌는지, 누가 먼저 그러자고 했는지 차마 물어볼 수가 없었다. 그저 내가 할 수 있는 거라곤 하늘이 무너져라. 우는 그 친구를 달래 주는 것밖에.
그러다가 좀 나중에야 알게 됐지.
사실은 그 나쁜 놈이 내 친구를 두고 양다리를 걸쳤었다는 사실을.

"아니, 됐다니까 그러네⋯"
"아 그냥 한번 만나만 봐! 누가 사귀래?? 그냥 친구 하나 만든다고 생각하고 나가 보라고!!"
그래서 나는 그 이별의 전말을 듣자마자 두 팔을 걷어붙이고 소개팅

주선에 나섰다. 내 인맥을 탈탈 털어서라도 기필코 그 자식보다 잘난 남자를 내 친구 옆에 앉히고야 말겠어!! 정의감에 활활 불타올라서는 그다지 내키지 않는다는 친구를 꼬드기고 꼬드겨 기어코 소개팅 자리에 앉히고야 말았다.

정리되지 않은 마음. 피가 철철 흐르는 가슴을 끌어안고 새로운 사람을 만날 수 있을 리 만무했다. 그때는 몰랐지. 그냥 사람은 사람으로 덮어 버리면 되는 줄 알았으니까. 나 싫다고 가버린 사람, 사랑한다 말해 놓고 뒤에서 보기 좋게 뒤통수를 쳐 버린 그런 나쁜 놈쯤이야 얼마 가지 않아 쉽게 잊히리라, 착하고 좋은 사람을 만나 사랑을 받다 보면 그런 못된 자식 따위 금세 기억에서 지워버릴 수 있을 거라고. 그렇게 굳게 믿었으니까.

근데 먼 훗날 친구가 그러더라.
사실, 그때 내가 조금은 원망스러웠다고. 충분히 울 기회를 주지 않아서, 양껏 미워할 시간을 빼앗아 버려서, 그래서 더욱더 그 사람을 잊는 게 힘들었단다.
차라리 코가 비틀어질 때까지 취해도 보고, 정신 나간 척 전화를 걸어 고래고래 소리 지르고 울고불고 떼라도 써 봤었다면. 차라리 그랬었다면 조금은 구차했을지언정 그리 오랫동안 미련퉁이처럼 힘들어하지는 않았을 거라고, 그렇게 내가 생각지도 못했던 말을 줄줄줄 꺼내 놓았다.

그래, 안다. 네 말이 맞다.

묵히고 묵히고, 원망하고 또 원망하도록. 나는 그저 지켜봐 주었어야만 했다.

병든 닭마냥 집구석에만 처박혀 있는 게 안타깝다고 해서 억지로 누굴 만나라 강요할 것이 아니라. 퉁퉁 부어오른 상처가 서서히 가라앉을 수 있도록, 속에서 노랗게 썩어 가는 고름이 언젠가 저 스스로 밖으로 터져 나올 때까지 나는 그저 옆에서 지켜봐 주기만 하면 되는 거였는데. 그냥 그러기만 하면 됐었는데 괜히 내 멋대로 물집을 건드리고 상처를 후벼 파는 바람에 너를 더 아프게 했었구나.

이렇게 모든 것에는 '때'라는 게 있는 듯하다. 너무 이르지도, 또 너무 늦지도 않아야 하는 적절한 시기. 성가시다고 아물지도 않은 물집을 성급하게 쭈욱 찢어 버리지도 말고, 발바닥 밑에서 다 썩어가는 고름을 무심히 내버려두지도 않아야 하는 그 어렵고도 심오한 타이밍. 나는 바로 그 타이밍을 알지 못해 힘들어하는 사람에게 기름을 부었고, 또 내 죄 없는 발바닥에 생채기를 내고야 만 것이다. 참 미련하게도.

발바닥에 붙여 둔 밴드를 살짝 떼어 내 본다.

쳐다보기만 해도 아프고, 살짝 스치기만 해도 욱신욱신 쓰라려 오는 발가락 사이.

따갑다. 아파 죽겠다.

왜 이놈의 고름은 약을 바르고 발라도 나을 생각을 않는 건지.

내 두 번 다시 건드리나 봐라.

내 앞으로 절대로 너를 성급히 뜯어내지 않으리라.

농익을 만큼 익고, 묵을 만큼 묵도록 기다리고 또 기다려 주겠다.

물집도, 그리고 앞으로 만날 그 어떤 상처까지 모두다.

나는 마살라 도사다

동네를 돌아다니다 우연히 보석 같은 맛집을 하나 찾아냈다. 간판도 없고 번듯한 식탁이나 의자도 제대로 갖춰지지 않았지만, 그래도 벌써 10년이 넘도록 터를 잡고 장사를 해 왔다는 이 동네의 인기 식당이다. 여기선 일반 탈리보다 마살라 도사나 우타팜과 같은 메뉴가 훨씬 인기를 끌었다. 마살라 도사는 밀가루 반죽을 얇게 구워 그 속에 으깬 감자나 삶은 완두콩과 같은 야채들을 넣어 먹는 남인도식 음식인데, 말 그대로 매콤한 마살라가 잔뜩 들어 있어 한국인들에게도 굉장히 인기가 많은 편이다.

그러잖아도 하루 세끼 꼬박꼬박 먹던 탈리가 지겨웠던 찰나, 나는 어쩌다 발견한 이 식당이 마음에 쏙 들어 다음날도, 그 다음 날도 이 도사 가게를 찾았다.

"아저씨. 도사 하나 줘요, 마살라 팍팍 넣어서!"
사람이 많은 걸 보니 또 한참을 기다려야 할 것 같았다. 역시, 인기 있는 맛집은 또 이렇게 기다려서 먹어야 제맛이지. 얼마든지 기다려 줄게. 맛만 있으면 돼. 암암.

심심한데 음식 만드는 거나 구경할까 싶어 주방이 잘 보이는 쪽으로 자리를 옮겼다. 조금만 위치를 바꾸니 도사를 굽는 철판이라든지 재료를 담는 통 같은 것들이 훤히 들여다보였다.

'아뿔싸. 저게 뭐지?'

못 볼 꼴을 보고야 말았다. 조리대 저편에 보이는 다 시들어 빠진 채소들. 정체를 알 수 없는 가루가 잔뜩 떨어진 밀가루 반죽통. 언제 빨았는지 가늠하기 힘든 꼬질꼬질한 걸레까지.

오 마이 갓.

내가 지금, 뭘 본 거지? 나 도대체 지금까지 뭘 먹은 거야?

내가 저걸 돈 주고 사 먹었다고? 그것도 맛있다고 칭찬까지 해 가면서?

아 괜히 봤어. 진짜 괜히 본 거야 이건. 젠장.

"현지 너는 늘 소신 있게 잘 사는 것 같아. 부러워~"

살면서 어쩌다 나에 대한 좋은 평을 들을 때면 괜히 어깨가 으쓱해진다. 그게 진심에서 우러나온 말이든 아부 섞인 립 서비스이든 상관없이 그냥 칭찬이란 것 자체에 기분이 좋아져 온종일 구름 위를 걷곤 한다. 그리고 혼자 생각한다. '훗, 그래 난 멋진 여자인 거야. 역시 난 잘 났어!' 하면서.

허나 신은 내가 맘 놓고 착각하며 살도록 내버려 두질 않는다. 남들이 한마디씩 던져 준 달콤한 칭찬에 헤롱헤롱 거릴 때면 꼭 어김없이 정신이 번쩍 들도록 찬물을 끼얹곤 했으니까.

"현지야, 나 조기 승진했어."

"짜잔~! 이번에 대상 받았지롱~~!"

"여름에 유럽으로 휴가 다녀올 거야. 다 이러려고 돈 버는 거 아니겠어?"

이럴 때면 신이 나를 시험하고 있다는 착각까지 든다.

"자, 이래도 니가 남 부럽지 않게 잘살고 있는지 한번 볼까? 어디 소신 껏 축하해 보시지!" 하는 듯이.

사실 그 진짜 속내는 나만이 안다. 친했던 친구가 갑자기 엄청나게 성 공을 하거나, 혹은 비슷한 연봉을 받던 동료가 더 좋은 조건으로 이직 하게 됐을 때. 나는 입으로는 "축하해~!" 하며 기쁜 듯 내뱉지만 속으 로는 우글우글거리는 징그러운 내면과 정통으로 마주하곤 했다.

소신은 무슨. 서현지. 너 인간 되려면 한참 멀었다.

어떻게 축하한단 말 한마디가 진심으로 안 나오니.

그래서 니가 안 되는 거야.

허나 이런 못난 감정을 남에게 내보일 순 없다. 나는 쿨 해야 하니까. 그런 사람으로 보여야 하니까. 그래서 좀 더 멋진 인간인 척, 질투 따 윈 안 하는 무게 있는 여자인 척. 그렇게 나를 억지로 포장해 가며 산 다. 실은 배 아파 죽겠고, 부러워 미칠 것 같고, 나는 왜 저렇게 성공하 지 못했나 자책까지 하는 못난 인간일 뿐인데.

그러고 보면 나도 마살라 도사 같은 인간이다. 가슴 속엔 질투, 불안, 자격지심과 같은 끔찍한 감정들이 매일같이 득실거리는데, 그저 겉으 로 보기엔 담백하고 고소하고 나름의 매력이 있는. 그런 '뭔가 있는' 여자인 척하며 살고 있으니까.

"아저씨!! 저건 인간적으로 너무 더러운 거 아니에요?
왜 돈 만진 손으로 반죽을 해!! 어째서 식칼을 걸레로 닦느냐고!! 너무 한 거 아냐?"

주인아저씨가 어이없다는 듯 껄껄 웃는다.

"며칠째 잘만 와 놓고 왜 난리야. 이거 먹고 탈이라도 났어? 아니면 맛 이 없었어? 아니잖아."

"아니! 그래도 그렇죠!"

"모르면 다~아 잘 먹게 돼 있어. 너도 그랬잖아. 걱정 마, 안 죽어. 이건 그냥 맛있는 마살라 도사인 거야."

그래. 차라리 그냥 모르는 게 나을 뻔했다. 아무것도 모를 땐 그저 맛

있기만 했던 마살라 도사가 그 속을 들여다보자마자 한순간에 구역
질이 날 만큼 끔찍해진 걸 보니.

그냥 맛있고, 두고두고 생각나는 그런 음식인 채로 놔둬 버릴 걸 그랬
어. 그러면 훗날 "그래도 인도가 마살라 도사 하나는 기가 막히게 맛
있었지!!" 하며 좋은 추억으로 간직할 수 있었을 텐데 말이야.

당신도, 나를 너무 자세히 들여다보지는 말아 주세요.

그저 고소한 냄새를 풍기는 맛있는 인간이라고,

그렇게 착각하며 살아 주세요.

나도 꼬질꼬질한 내 모습을 최선을 다해 감추고 살 테니,

그대도 내가 적당히 고소하고 맛깔스러운 냄새를 풍기는,

꽤 먹음직스런 사람이라고.

그냥 그렇게 대충 넘겨짚어 주셨으면 좋겠습니다.

에스프레소를
닮은
눈동자여

내가
그곳에
있었을 때

나 사실은 이렇게 달리는 거 되게 무서워하는데.
안전벨트며, 에어백이며 온갖 안전장치가 다 갖춰진 자동차에서도
조금만 속도를 낼라치면 손에 땀이 흠뻑 젖어서
동네 뒷걸음조차 차마 제대로 달려 보지 못하는 그런 쫄보란 말이야.

근데 이상하게 이 뒷자리는 묘하게 안정감이 생기더라.
뚜껑도, 문짝도 없는 이 위태위태한 오토바이가,
안전벨트는 고사하고 발걸이조차 제대로 없는 이 아슬아슬한 뒷자리가
진짜 아이러니하게도 참 편안하고, 딴 마음이 놓이더라고

내 생각엔 말이야.
아마 심장과 심장이 맞닿아서가 아닐까?
이렇게 뒤에서 누군가를 꼭 끌어안고 있다 보면
평생 들을 일 없는 누군가의 심장 소리를 듣게 되거든.

콩·콩·콩·콩.
콩·콩·콩·콩.

그렇게 한참을 그 작은 울림에 집중하고 있다 보면,
언제 그랬냐는 듯이 마음이 안정되고, 두려움이 사라지더라고
나는 말야. 누가 '인생에서 가장 행복했던 때는? 이라고 묻는다면

왠지 '조이스 엄마랑 오토바이를 타고 베나울림 거리를 달릴 때'
라고 대답할 것 같아.

머리카락 사이사이로 세차게 불어오던 바람과,
'야호~!!!' 하고 마음껏 소리 질렀던 그 거리와,
알아들을 수 없는 말로 뭐라 뭐라 떠들던 조이스 엄마의 목소리와,
그리고 콩콩콩 울리던 요 귀여운 심장 소리가,
아마 평생 잊히지 않을 것만 같아서 말이지.

에스프레소를
닮은
눈동자여

내가
그곳에
있었을 때

나도 별이다

새벽 2시. 낮잠을 좀 잤더니 도무지 잠이 들 생각을 않는다. 음악도 들을 만큼 들어 봤고 한국에서 다운받아 온 드라마도 두 편 연달아 봤건만 정신은 도로 말똥말똥. 그래서 차라리 바람이나 쐬자 싶어서 테라스로 나왔다. (말이 테라스지 그냥 복도 끝에 있는 조그만 난간이다. 담뱃재가 풀풀 날리는 1평짜리 거대한 재떨이.)

낮에는 곧 쪄 죽일 것처럼 덥더니만 새벽이 되니 공기도 선선하고 바람도 살랑살랑 부는 것이, 이것저것 생각에 잠기기 딱 좋다.

의자에 앉아 멍하니 딴생각을 하다 우연히 하늘을 쳐다봤다. 번쩍거리는 커다란 별 몇 개가 대번에 시야에 들어온다. 이야~고놈 참 영롱하구먼! 온 하늘이 저놈 덕분에 무진장 환해졌는걸? 왠지 저건 오리온자리지 싶어 눈으로 별과 별 사이를 하나하나 이었다. 그러다 북두칠성도 봤다. 간밤에 혼자 하는 별 놀이는 적막했지만 나름의 재미가 있었다. 밤하늘을 계속 시야에 담고 있자니 어느새 어둠에 적응한 두 눈이 큰 별 뒤에 숨어 있는 작은 별들을 하나둘 찾아내기 시작했다. 조금 더 작고 약간 덜 반짝이는 빛들이 '나도 여기 있지롱~!' 하며 고개를 내밀었다.

와, 너네 거기 숨어 있었구나~!!

이렇게 보니 너희들도 꽤나 반짝반짝한걸?

이리도 예쁜 걸 나는 왜 그동안 몰랐지?

이야~ 멋져 멋져! 뷰리풀!

눈에 띄는 1등별만 쳐다보고 사느라 그 옆에 작은 반짝임이 있단 걸 잊고 살았다. 알고 보면 이토록 눈부시게 찬란한 녀석들인데. 늘상 북극성, 전갈자리 같은 톱스타들만 바라보느라 그 옆에 작은 빛들은 그저 배경에 묻고 살았지 뭐야. 조금만 가만히 들여다보면 이렇게 환상적인 밤하늘을 감상할 수가 있는데 말이지.

이런 기분을 언젠가 한번 또 느껴 본 적이 있었던 것 같다. 읽을거리가 고플 때마다 한 번씩 찾아가던 어느 대형 서점에서.

서점 1층, 사람들의 시선이 가장 먼저 닿을 법한 벽면엔 어김없이 베스트셀러 코너가 있다. 그건 말 그대로 우리나라에서 '가장 잘 팔리는 책'이자 이 서점을 빛내는 귀한 '톱스타'들이다. 서점을 방문하는 사람들은 약속이나 한 듯 일단 이 베스트셀러 앞으로 직행한다. 재미든 감동이든 이슈든, 뭐 하나는 확실히 보장되는 녀석들이니 우선은 믿고 보는 거다.

하루는 아무런 목적 없이 서점을 갔던 적이 있다. 특별한 약속이 잡혔던 것도, 사야 할 뭔가가 있었던 것도 아닌데 괜히 홀린 듯이 서점으로 들어가 여기저기를 기웃거렸다. 각 코너 매대 위에 올려진 책들을 하나하나 눈으로 훑고, 맘에 드는 건 표지도 한번 열어 보며, 누군가가 머리를 쥐어짜내 정성 들여 낳아 놓은 그것들을 한참 동안 느긋하

게 감상했다.

그러다 슬슬 볼거리가 떨어질 때쯤, 그제야 책장에 꽂힌 녀석들에게 눈이 갔다. 처음엔 거기에 있는지도 몰랐던 책들이 이제서야 시야에 들어왔다. 각종 베스트셀러와 폭포처럼 쏟아져 나오는 신간들에 밀려 저기 책꽂이 한구석에 둥지를 튼 책들. 남아도는 게 시간인 나 같은 사람에게조차 아주 느즈막에서야 발견된 가늘고 자그마한 그 빛들이. 그러나 큰 인기를 끌지 못한 책이라고 해서 결단코 그것들이 초라하다거나 못나 보이진 않았다. 비록 스포트라이트가 쏟아지는 무대 위는 아니었지만 어쨌거나 기를 쓰고 태어나 서점에 한자리 떡 하니 차지한 아주 아주 대단한 녀석들이니까. 제 소임을 다하고 있는 그들을 좀 덜 팔렸다고 해서, 약간 덜 유명하다고 해서 비웃고 손가락질할 권리가 과연 누구에게 있단 말인가.

나는 어떤 삶을 살게 될지 궁금하다. 나름 작가랍시고 열심히 뭔가를 쓰며 살고 있긴 한데, 과연 이게 어느 무대에 올라 어디까지 성장할 수 있을지는 아직 잘 모르겠다.

허나 한편으론 이러면 어떻고 저러면 또 어떤가 싶다.

눈에 띄는 큰 별이 아니라고 해서 나머지 작은 별들이 초라해 보이지 않았듯이

그냥 별은 별이고, 책은 책이고, 서현지는 서현지로서 또 그렇게 멋지게 잘 살아가지 않을까.

톱스타가 됐든 그저 그 옆에 있는 평범한 별이 됐든

제각각의 빛을 내고 있는 이상 우리는 결국

충분히 존중받아 마땅하고 사랑받을 자격이
충분한 존재들이다.

온 하늘이 별빛으로 가득 찼다.
생전 처음 보는 화려한 우주 스타 쇼가 눈앞
에 펼쳐졌다. 아무래도 오늘 밤은 저 별들의
춤사위를 보다 새벽을 홀라당 보내 버릴 것
같단 느낌이 들지만, 아무렴 뭐 어떤가.
오늘은 그냥 저 눈부신 반짝임을 오래오래
들여다봐 줄란다.
잠이 들 때까지. 이 새벽이 지나갈 때까지.

에스프레소를
닮은
눈동자여

내가
그곳에
있었을 때

'직장인' 아닌 '직업인'

함피를 여행할 당시에 같은 숙소에 묵었던 유진 씨. 여성스러운 외모
와는 다르게 꽤나 호탕한 성격의 소유자다. 휴가를 맞아 남인도 일대
를 여행하고 있다는 그녀는 이번으로써 인도가 세 번째라고.
역시, 인도를 한 번도 안 온 사람은 있어도 한 번만 와 본 사람은 없다
더니. 이 여자도 나 못지 않은 인도 빠순이구만? 어쩐지~ 처음 만날
때부터 뭔가 통한다 싶었어.
취향이 비슷해서인지 유진 씨와 나는 햄버거가 식어 가는 줄도 모르
고 앉은 자리에서 끝도 없이 떠들었다.

"아, 그래서 제가 그랬죠. '야 너 일루와! 너 어디서 사기를 쳐!! 뒤지고 싶으냐!'"

"푸하하! 맞아 맞아! 꼭 어정쩡한 애들이 막상 소리 지르면 무서워서 도망간다니깐?"

"그럼요, 내가 저만한 제자들이 몇 명인데 까짓것 그 정도에 휘둘릴까 봐? 애들 다루는 건 완전 도 텄다니깐요? 다 들어와!!"

"헉! 뭐야? 너 선생님이었어?"

와, 이 여자 예쁘고 성격 좋은 데다 능력까지 있었잖아?

"아, 특수 학교 교사예요. 아직 일한 지는 얼마 안 됐고요."

다섯 명의 장애 학생을 홀로 지도하고 있다는 유진 씨는 근무 중에 있었던 에피소드들을 몇 가지 들려줬는데 세상에, 그 업무 강도가 완전 장난이 아니었다. 특히 창문으로 뛰어내리려는 학생을 말리다가 같이 떨어질 뻔한 이야기, 그리고 흥분해서 펄쩍펄쩍 뛰는 남학생을 저지하려다 주먹으로 얼굴을 가격당한 사건은 그야말로 경악 수준. 그러면서 한다는 말이 '이 정도야 뭐, 흔한 일상이죠.'란다.

"한번은 머리채를 잡힌 적이 있었는데 그대로 벽에 갖다가 픽픽 찧더라고요??"

"오 마이 갓!! 용케 안 죽고 살았네?"

"우와~ 나 그때 진짜 이마 깨지는 줄 알았잖아요. 얼굴로 피가 막막 철철 흐르는데~! 잠깐 저승사자 얼굴을 봤던 것도 같고? 푸흐흐. 그래도 운이 좋았죠. 눈은 안 다쳤으니까."

웃음이 나오니? 응? 어떻게 그런 얘길 하면서 웃을 수가 있니.

듣기만 하는데도 손에 땀이 질끈 나고 미간이 절로 찌푸려지는데 정작 당사자는 '괜찮아요. 그것도 한때입니다. 다~아 지나가요.' 하며 천하태평. 학생한테 뺨을 맞아 얼굴이 부어도, 이마가 찢어져 응급실에 실려 가도 그저 '한 때' 잠시 겪는 일일 뿐인 거란다.

"힘들 때도 많죠. 사실 남몰래 울기도 많이 울었어요. 근데, 그래도 고고사리 같은 손바닥 위에 졸업장을 올려와 주던 그 뿌듯함을 생각하면 절대! 네버! 그만둘 수가 없는 거예요.

인생에서 그렇게 가슴 뛰는 순간이 없었으니까.

제 학생들이 너무너무 사랑스러우니까.

그래서, 전 그냥 계속 선생님으로 살려고요. 내 힘닿는 데까지 최선을 다해서."

유진 씨를 보면서 나는 이런 사람이 진짜 '직업인'이 아닐까 생각했다. 단순히 승진과 월급만 바라보며 사는 '직장인' 말고, 그냥 그 일 자체가 좋고, 그걸 하고 있을 때야 비로소 심장이 팔딱팔딱 뛰는 그런 사람. 참 쉬운 것 같이 보여도 막상 맘먹고 주변에 찾아보면 생각보다 몇 없다. 당장 눈앞에 닥친 현실을 헤쳐나가는 것만도 벅찬데, 제 마음이 하는 소리에까지 귀 기울이며 사는 사람이 어디 흔하겠나. 그래서 유진 씨가 더 대단해 보이는 거기도 하고.

나는 직장 생활을 하며 단 한 번이라도 '직업인'이었던 적이 있었나 생각해 본다. 그저 적당한 시간에 퇴근하고 월급만 또박또박 받으면 그

에스프레소를
닮은
눈동자여

내가
그곳에
있었을 때

걸로 대충 만족하며 살지는 않았는지. 하나하나 헤쳐나가기보다, 당장 내일 아무 일도 없길 바라며 안일하게 하루하루를 때워 오진 않았는 지. 내 직업에 충분히 만족했는지. 그리고 행복했는지.

사실 자신이 없다. 지금 와서 돌이켜보니 내 지난 직장 생활을 들여다 보는 게 조금은 두렵다.

누구보다 내가 더 잘 아니까. 꾀부리며 살았던 나 자신을.

채워지는 통장에 만족하며 그저 기계처럼 출근과 퇴근을 반복하던 그 시간을 말이다.

지금도 늦지 않았을까? 나도 노력하다 보면 꽤나 멋진 직업인이 될 수 있으려나.

생각해 보니 지금이라도 정신 차리는 게 맞지 싶다. 계속 이렇게 안일 하게 살다간 평생을 소원했던 이 일마저 그저 밥 벌어먹기 위한 수단 으로 전락해 버리고야 말 테니.

그건 진짜 진짜로 싫다. 지금 이 일을 하기 위해 내가 얼마나 노력했는 데. 태어나 지금까지 유일하게 뚝심 있게 지켜온 꿈인데 이것마저 대 충대충 흘려보낼 수는 없다.

죽도록 물고 늘어질 테다. 절대 포기하지 않을 거다.

많이 벌지 못해도, 유명한 작가가 되지 않아도 괜찮다.

다 상관없으니까 그저 나도 그녀처럼, 머리가 깨지고 피가 철철 흘러 도, 스스로 '행복하다' 말할 수 있는 그런 멋진 직업인으로서 한번 살 아 보이겠다.

조잘조잘 떠들며 식어 빠진 감자튀김을 집어 먹고 있는 그녀가 참 예쁘다. 말할 때마다 볼록볼록 올라오는 양 볼은 누구보다 귀여웠고, 학생들을 떠올리며 미소 지을 때는 이 세상 그 어떤 여자보다 반들반들 생기가 넘쳤다. 멋있다. 그리고 부럽다.

지금 내 앞에 있는 그녀가 누구보다 빛나는 이유는,
선생님이란 직업이 가지는 사회적 지위보다,
그래서 따라오는 안정적인 삶과 탄탄한 미래보다,
지금 당장 온 힘을 다해 그 일에 뛰어드는 펄펄 끓는 열정이 있기 때문일 테다.

인도에서 제일 분위기 있다는 함피에서,
내 생애 최고로 멋진 여자를 마주했던 어느 날이다.

episode 42

두 번째 이별, 그 독한 안녕

침대에 앉아 후~하고 심호흡을 했다.
한 손엔 핸드폰, 또 한 손엔 전화번호 목록을 꼬옥 움켜쥔 채 흔들리는 정신을 가다듬었다.

마지막 밤이다. 내일이면 난 이 나라를 떠난다.
한번 해 봤지마는 역시 이별이란 건 늘 쉽지가 않고, 또 가슴이 아프다.
그래도 마지막 인사는 해야지. 아무리 슬퍼도, 나와 추억을 나누었던 수많은 이들에게 그간 고마웠다. 잘 있어라. 언젠가 꼭, 다시 보자. 그 한마디 정도는 하는 게 예의 아니겠나. '자, 누구부터 시작해 볼까. 제일 많은 추억을 나눈 쩌꾸? 아니면 몇 날 며칠 같이 요리해 먹었던 제임스?'

아, 모르겠다. 자신이 없다. 어떤 얼굴을 떠올려도 가슴이 울렁인다.
목구멍이 축축이 젖어온다.
할 수 있을까. '마지막'이란 말을 몸서리치게 싫어하는 내가.
'이별'이란 단어를 세상에서 가장 무서워하는 서현지가.
과연 나의 인도 친구들에게 울지 않고 제대로, 담담하게 끝을 고할 수 있을까.
침을 꿀꺽 삼킨 뒤, 비장하게 통화 버튼을 눌렀다.

괜찮다. 침착하게, 천천히 잘 말하면 된다.
절대 이게 끝이 아닌 거다. 다음에 또 오면 되는 거야.
그러니, 내 고마웠던 이들에게 담담하게 인사를 건네자.

허나 굳게 다잡았던 마음도 잠시.
"Oh!!! my god!! 현지!"
수화기 너머로 반가운 목소리가 들리자마자 거짓말처럼 닭똥 같은 눈물이 후두둑 터졌다. 굵직한 목소리. 반가움이 철철 묻어나는 그 음성에 그만 말문이 콱 막혔다. 눈물이 목구멍을 가로막아 차마 이 감정이 말이 되어 나오지 못했다.
"마이클… 나예요. 잘 있었어요?"

"아니! 나 너 보고 싶어서 잘 못 지냈어! 지금은 어디야? 여행은 잘하고 있고?"

"네… 근데 마이클‥ 나 내일‥ 한국으로 돌아가요."

내 입으로 돌아간단 말을 내뱉고 나니 이제 진짜 '끝'이라는 게 실감이 났다. 내일이면 나는 정말 이 인도를 떠나는 것이다. 눈물이 수도꼭지마냥 주르륵주르륵 흘렀다. 아. 미치겠네. 안 되는데, 아직 아무것도 제대로 말한 게 없는데. 아, 정신 차려라. 서현지!

"그래!! 한국에서도 꼭 메일 하는 거야!!"

"걱정 마요. 꼭 연락할게요."

홀쩍홀쩍 눈물을 닦아 가며 어찌어찌 마이클과의 통화를 마친 후, 나는 더 이상 전화기를 들 엄두가 나질 않아 한참을 망설였다. 고작 한 사람 통화한 것만으로도 이렇게 힘든데 나머지 줄줄 이어질 인도 엄마들과 친구들과 아직 이곳에 남아 여행을 지속할 내 동행들의 목소리를 어찌 들을 수 있단 말인가.

근데, 그래도 나는 해야 한다. 나중에 후회하지 않으려면 지금 전화할 수 있을 때 하는 게 맞는 거다. 한국으로 돌아간 후에 후회해 봤자 그때는 늦는다.

용기 내어 다시 통화 버튼을 눌렀다. 펑펑 쏟아지는 눈물을 휴지로 훔쳐 가며, 끅끅거리는 목소리를 억지로 참아가며, 그렇게 사이주와 아비, 조이스 엄마, 뭄바이 게스트하우스 사장님 등 한 사람도 빼놓지 않고 최선을 다해 마지막 인사를 건넸다.

"찌꾸. 잘 있어. 내가 가르쳐 준 한국어 잊으면 안 돼."
"사이주. 나 다시 올 때까지 절대 망하지 마. 멋진 사장님 돼 있어야 한다. 알겠지~!"

"응 엄마, 곧 돌아올게요. 약속해요. 사랑해요. 정말."
마지막 통화를 마친 뒤, 베개에 얼굴을 묻고 세상이 끝난 마냥 엉엉 소리 내 울었다. 진짜 힘들 줄은 알았는데 이건 생각했던 것보다 훨씬 더 아프고 괴로웠다. 그간 인도에서 겪었던 온갖 장면들이 눈앞을 스친다. 7년 만에 돌아왔던 그 날도, 응급실에 실려 갔던 폰디체리에서의 새벽도, 인도 친구와 세상모르고 들판을 뛰어다녔던 폼무리에서의 오후도. 모두 바로 어제 겪은 일인 양 생생하게, 너무도 아름답게 떠오른다.

아 어떡하지. 나, 너희들이 너무너무 그리울 것 같아. 가슴이 벅차오를 정도로 사랑스러운 너희들의 얼굴이, 이 땅이, 이 공기가. 나 너무너무 오래도록 기억에 남을 것 같아. 인도에 있는 지금도 이곳이 너무너무 그리운데, 한국으로 돌아간 후에 불어닥칠 그 독한 이별의 후유증을 과연 내가 잘 견뎌낼 수 있을까.
사실 자신이 없다. 아마 나는 내일도 비행기 뒷바퀴가 활주로를 박차고 떠오르는 그 순간까지 끊임없이 눈물을 흘려대겠지. 창밖으로 멀어지는 인도 땅을 내려다보며 잘 있으라고, 또 오겠다며 수도 없이 새끼손가락을 걸어가면서.

여행의 행복이 컸던 만큼 그에 따르는 이별의 고통 역시 참 만만치가 않다. 겨우 친구 입에서 나오는 내 이름 하나에 눈물이 터지고, '또 보자' 인사 한마디에 온 목구멍이 꽉 막혀 오는 걸 보니. 참, 이 '헤어짐'이란 거 진짜 여간 독한 게 아닌 게지.

그래도 잘했어, 서현지. 어쨌거나 모두에게 하고 싶은 말을 했잖아.
다시 돌아오겠다고 철석같이 약속도 했잖아.
그러니까 된 거야. 너 참 큰일 해낸 거야. 그 독하고 힘든 걸 해냈으니, 오늘 하루만큼은 내 마음대로 펑펑 울 자격이 있는 거다. 이 마지막 밤만큼은 누구의 눈치도 보지 않고 내 방식대로 감정을 쏟아낼 권리가 있는 거야.

아직 따스한 온기가 남아 있는 핸드폰을 가만히, 조심스럽게 쓰다듬어 본다.

에스프레소를
닮은
눈동자여

내가
그곳에
있었을 때

내가 그곳에 있었을 때처럼

티셔츠 한 장 달랑 입고 인천공항에 내렸다가 아주 정신이 번쩍했다.
"뭐야!!! 왜 이렇게 추워!"

분명히 꽃피는 봄에 돌아왔건만 공기는 왜 이리 차고 손발은 또 왜 이
렇게 시린 건지. 이 차디찬 길 위에 서 있으니 확실하게 실감이 났다.
나는, 정말로 돌아온 것이다.

오랜만에 지인들을 만났다. 몇 개월 사이에 참 많이도 앞서나갔더라.
직장후배는 그 사이 대리를 달았고, 죽고 못 사는 절친은 갑작스레 청
첩장을 내밀었으며, 퇴사 후 창업을 시작한 학교 선배는 벌써 첫 프로
젝트를 따냈다며 뿌듯한 얼굴로 자랑을 늘어놓았다.
다들 쭉쭉 잘 나간다. 딱, 나 하나만 빼고.

찬바람이 쌩쌩 부는 현실과 마주하고 있자니 3,000원짜리 숙소에서
400원짜리 사모사를 먹으며 히죽거리던 인도가 더 생각났다.
하…. 사진이라도 좀 들여다보면 이 울렁임이 멈추려나.
그렇게 한국으로 온 지 며칠도 되지 않아 또다시 'INDIA' 폴더를 열었
다. 파일을 하나하나 넘겨보다 우다이푸르에서 찍은 한 장의 사진에
마우스가 멈췄다.

'나 좀 찍어주세요!', '나도!! 나도 같이 찍을래요!!' 하며 달려들던 동네
꼬마들.

그리고 그 속엔 한 컷 포즈를 취한 채 웃고 있는 내가 있었다.
때깔부터가 다르다.
세상이 온통 나를 중심으로 돌아가는 것 같았던 이때와 남들과 비교

에스프레소를
닮은
눈동자여

내가
그곳에
있었을 때

질 하느라 온 마음이 바쁜 지금의 나는 전혀 다른 사람이다.
그래. 이럴 때가 있었는데. 불과 한 달 전만 해도 이토록 밝은 인간이었건만,
언제 또 이렇게 우물쭈물 걱정만 늘어놓는 쭈구리가 돼버린 걸까.
무서웠었나 보다.

다시 일을 구하지 못할까 봐, 그래서 '저 언니처럼 되진 말아야지.' 하는 실패자의 표본으로 자리 잡을까 두려웠었나 봐.
하지만 이 사진 속에 나를 보고 있자니 이제야 좀 알겠네.
지금 남 눈치나 보며 주저앉아 있을 때가 아닌 거다.
그건 결코 호기롭게 던져버린 내 사직서에 대한 예의가 아닌 거지.

그래, 다시 일어서야만 한다.
냉정한 현실을 모르는 게 아니지만, 내가 하려는 일이 쉽지 않을 거란 것도 잘 알지만,
그래도. 그래도 일단은 팔을 쭉 뻗고 세상을 향해 V자를 그리는 그날이 올 때까지 꾸준히, 뚜벅뚜벅 걸어나가 보는 거다.

다시 시작해보자.
움츠리지 말고, 쓸데없이 주눅 들지도 말고.
온 세상이 내 것인 것 마냥 당당하게
내가, 그곳에 있었을 때처럼